KB275704

고객님, 여기서 이러시면 안 됩니다

고객님, 여기서 이러시면 안 됩니다

진상 고객의 클레임에 대처하는 기술

고객님, 여기서 이러시면 안 됩니다

엔카와 사토루 지음
이주 옮김

팬덤북스

"벌써 사흘씩이나 설사가 멈추질 않고 있어. 고등어 초밥 때문이야. 어쩔 거야!"

"죄송합니다. 저희 초밥이 원인이 되어 문제가 생겼다면 치료비를 부담하겠습니다. 사실 관계를 좀 더 자세히 설명해 주시겠습니까?"

"내가 거짓말이라도 하고 있다는 거야!"

"그런 뜻이 아닙니다만……."

악덕 소비자의 자택을 방문했을 때 내가 할 수 있는 말이라고는 이 정도뿐이었다. 거듭 사과하는 것 말고는 할 수 있는 방법도 없었다. 눈앞에서는 앙상하게 마른 노인이 술 냄새를 풍기면서 침을 튀겨 가며 이야기하고 있었다. 내 입장을 들어 줄 생각이 전혀 없어 보였다.

나는 마룻바닥에 무릎을 꿇고 앉아 입을 다문 채 30분 이상을 흘려보냈다. 잠시 동안 말이 없자 노인이 화가 난 목소리로 침묵을 깼다.

"너처럼 쓸모없는 인간은 죽어 버려야 해."

얼굴을 쳐다보니 쌍심지를 켠 노인의 관자놀이에 혈관이 불룩하게 튀어나와 있었다.

'안 되겠다!'

이런 생각이 든 순간 노인이 갑자기 주먹으로 내 얼굴을 때렸다.

위의 일화는 경찰관을 그만두고 민간 유통 업계로 전직한 직후에 일어난 일이다. 나는 지금도 당시 상황을 뚜렷하게 기억한다. 이 일을 계기로 고객 불만에 대응하는 담당자로서 한층 더 성장할 수 있었다.

그날 나는 흥분한 노인 앞에서 어찌할 바를 몰라 망연자실했다.

"이봐, 날 무시하는 거야? 왜 입 다물고 말을 안 해!"

문득 노인의 화난 목소리에 정신을 차렸다. 노인이 나를 다시 한 대 때리려고 하여 얼른 노인의 손을 피하면서 말했다.

"폭력을 쓰시면 안 됩니다."

나는 사죄하러 온 자리여서 내리깔고 있던 시선을 올려 노인의 얼굴을 똑바로 쳐다보았다.

'왜 이렇게 거칠게 말하지? 무언가를 노리는 것 같은걸.'

노인은 '뭐야, 이 자식?'이라고 생각하는 듯 놀라는 표정을 지었다. 이어지는 노인의 한마디가 지금까지의 상황을 완전히 뒤집어 놓았다.

"너랑은 말이 안 통하니까, 이제 꺼져 버려!"

"그러신가요. 그렇다면 실례하겠습니다."

나는 그 자리에서 벗어나기 위해 상대방이 내게 욕을 하는 상황을 이용했다. 물론 이런 방법이 만족스러운 성과를 가져다주지는 않지만, 보다 좋은 방법이 떠오르지 않았다.

가게에 돌아오자 점장이 내게 질문 공세를 퍼부었다.

"어땠어요? 상대방에게 양해를 얻어 냈나요? 해결된 건가요?"

"양해를 얻지 못했습니다. 술에 취해 있어서 제대로 된 대화를 나누지 못했어요."

상황에 대해 간략한 보고를 들은 점장은 완전히 낙담한 표정을 지었다.

"역시 경찰서장 정도로 직급이 높은 간부 출신이어야 이런 상황을 해결할 수 있을까요? 엔카와 씨도 아직 젊은 편이니까요."

무슨 말이 하고 싶은 걸까. '문제 해결에 도움이 안 되는 전직 경찰 출신'이라는 낙인이 찍히게 생겼다. 경찰에서 고위 간부로 있던 사람이라면 술에 잔뜩 취한 악덕 소비자일지라도 어떻게든 잘 대응해 냈다는 말인가? 나는 점장의 태도에 괜스레 심통이 나서 '이래서야 계속 이런 일을 하겠어?'라고 점장의 말에 반박하고 싶었지만 꾹 눌러 참았다.

"뭐, 취기가 가라앉을 때까지 상황을 지켜보지요. 내일 제가 다시 연락해 보겠습니다."

내 말을 들은 점장은 '직접 악덕 소비자를 상대하지 않아도 된다'는 사실에 안심한 듯 만족스러운 표정을 지었다.

"그럼 잘 부탁드리겠습니다."

그날 일은 그렇게 마무리가 되었다. 나는 기분이 영 찝찝했다. 그대로 숙소로 돌아가더라도 쉽사리 잠이 오지 않을 것 같았다. 나는 근처 선술집을 찾아 상처 난 마음을 알코올로 잘 소독한 후 잠자리에 들었다.

다음 날 나는 노인에게 전화를 걸었다.

"죄송합니다만, 상품을 교환해 드린 것으로 저희 측의 성의를 보여 드렸다고 생각합니다. 이 문제에 대해서 이미 경찰과 이야기를 나눈 상태입니다. 앞으로 계속 고압적인 자세로 나오신다면 변호사에게 조언을 받아 법적인 대응을 취하겠습니다."

한순간 침묵이 흘렀다. 노인은 잠긴 목소리로 대답했다.

"됐어. 없었던 일로 해."

악성 불만을 제기하는 악덕 소비자를 상대하는 동안에는 침착한 태도를 유지해야 한다. 이에 대해 다른 의견을 주장할 사람은 없을 것이다. 물론 불만에 대처하는 현장에서 침착한 태도를 유지하기란 결코 쉽지 않다.

앞서 소개한 사례에 등장하는 노인의 주먹에 한 대 맞았을 때는 경찰관을 그만두고 다른 일을 시작한 선택을 후회하며 경찰에서 일하던 시절을 떠올렸다. 고객 불만 대처와 관련하여 민간 기업에서 상담 요청을 한 적이 있었다.

"요리에 들어 있던 이물질 때문에 이가 부러졌다는 고객 불만이 접수됐어요. 아무래도 악질적인 불만을 제기하는 악덕 소비자에게 걸린 모양이에요."

"큰일이네요. 어떤 요구를 한 거죠?"

"아직 구체적인 요구 사항에 대해서 들은 건 아니에요. '어떻게 해줄 거냐, 어떻게 책임질 거냐'라는 말만 반복하고 있어요. '이물질을 삼켰다. 살펴보겠다면 나랑 같이 화장실에 가서 보든가'라고 말해요. 어떻게 대처하면 좋을까요?"

나는 다음과 같이 대답했다.

"구체적으로 요구하는 사항이 없다면 아직 공갈이라고 보기는 어렵겠네요. 만약 부당하게 요구하는 사항이 있다면 단호하게 거부하세요."

악덕 소비자를 상대로 진퇴양난에 빠진 지금의 나와는 반대로, 과거의 나는 곤란에 빠진 소비자 불만 담당자에게 충고를 하는 입장이었던 것이다.

그렇다면 처음 사례에 등장한 노인, 즉 악덕 소비자와의 결전에서 내가 상황을 극복할 수 있었던 이유는 무엇일까? 서툰 접객 기술이 상황 해결에 도움이 되거나, 경찰에서 일하던 시절에 익힌 체포 기술이 도움이 된 것이 아니다. 굳이 답을 이야기하자면, 악덕 소비자가 휘두른 주먹에 맞은 순간 '오감을 총동원하여 몸을 보호한다'는 본능과 '위험한 상대는 꼼꼼히 관찰한다'는 형사의 습성이 되살아났기 때문일지 모른다.

만화 주인공이 적과 싸울 때처럼 화려하게 변신하지는 않았지만, 내 안에 있는 무언가가 변한 것은 확실했다. 사실 이 '무언가'가 고객 불만 대응에 있어 매우 중요하다는 생각이 든다.

'범죄 조사에 대한 매뉴얼은 없을까?'

세미나나 강연을 하다 보면 가끔 받는 질문이다. 조사를 위한 규칙은 존재해도 현장에서 도움이 되는 매뉴얼은 존재하지 않는다. 범죄자마다 목적이나 동기가 천차만별이기 때문이다.

고객 불만 대응도 마찬가지다. 지금은 '악마'라 불러도 될 정도로 악질적인 소비자가 여기저기에서 출몰하고 있다. 그들과 맞붙어 싸우려면 잔재주만으로는 어림도 없다. 아무리 상세한 매뉴얼을 만들더라도 악덕 소비자가 예상한 패턴대로 행동할 리도 없는데다, 대응 방법의 '정답'을 찾아낼 수도 없다.

고객 불만 대응에서는 정해진 매뉴얼보다 중요한 것이 있다. 담당자가 입을 심리적 상처를 줄이고 평상심을 유지하면서 그때그때의 상황에 적절히 대응해 나가는 것이다. 나는 고객 불만 대응의 '순서'와 '실전 테크닉'을 구체적인 사례를 통해 설명하기 위해 이 책을 썼다.

　현재의 나는 악덕 소비자를 찾아가더라도 오랜 시간 계속 무릎을 꿇고 앉아 다리가 저릴 만큼 묵묵히 참는 일은 하지 않는다. 처음에는 예의상 무릎을 꿇고 앉지만 적당한 순간 상대방에게 말한다.

　"실례지만 편히 좀 앉도록 하겠습니다."

　만약 상대방이 편히 앉는 일조차 허용하지 않는다면 이미 협상은 거부당했다고 생각한다.

　"오늘은 협상에 응하실 의사가 없으신 것 같습니다. 다음 기회에 다시 찾아뵙겠습니다."

　이렇게 말하고 얼른 자리를 뜬다.

　부디 이 책이 곤란한 고객 불만에 잘 대처하기 위한 나침반 역할을 하기를 진심으로 바란다.

※ 이 책에서 소개하는 사례는 실화를 바탕으로 하지만, 개인 정보 보호를 위해 각색했음을 말해 둔다. 더불어 사례에 등장하는 고유 명사는 모두 가명이다.

CONTENTS

Chapter 1 고객 불만에 대응하는 기본 행동 원칙

Chapter 2 일반 고객을 진상 고객으로 만들지 않는다

Chapter 4 사기성 짙은 진상 고객은 조직을 꾸려 물리친다

Chapter 5 갈등 발생을 막기 위한 위기관리

정당한 요구를 하는 고객, 평소 느끼는 불안과 불만 때문에 분노를 터뜨리는 악덕 소비자, 금품을 목적으로 접근하는 악질적인 무리 등 고충을 호소하는 사람에도 여러 종류가 있다. 우선 최근 업계의 사정을 고려하여 고객 불만에 가장 효율적으로 대응하는 '5가지 행동 원칙'을 알아보자.

고객 불만에 대응하는
기본 행동 원칙

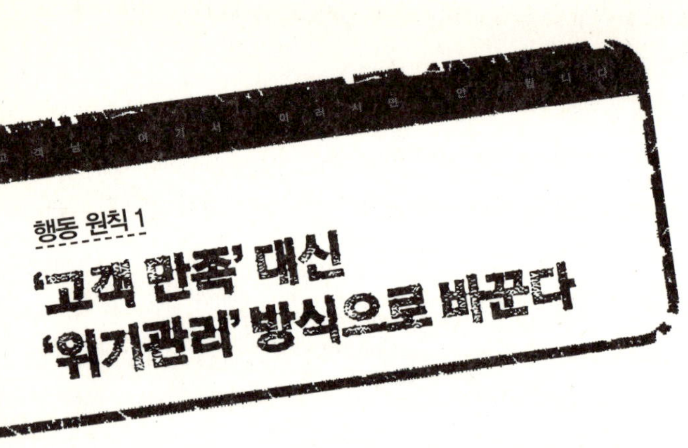

왜 시간이 많이 지나도 '실마리'가 보이지 않을까?

'우리 쪽에 잘못이 없다고 해도 100% 확증하지는 못한다. 어떻게 타협을 마무리 지으면 좋을까?'

'고객이 냉정한 목소리로 몰아붙이면 실제로 일이 어떻게 돌아가는지 모르는 상태로 죄송하다는 말만 반복하게 된다. 나도 모르게 들어줄 필요가 없는 요구까지 응하게 된다. 속상하다!'

'우리 가게랑 직접 관련이 없는 일에 대해 끊임없이 불평불만을 늘어놓는 단골 고객. 사실 이야기를 들어 주느라 다른 고객을 응대하지 못해 민폐라는 생각이 든다. 그렇다고 이야기를 잠자

코 들어 주지 않으면 오히려 우리한테 화를 내며 난리를 친다.'

고객 불만에 대응하는 방식을 고민하는 현장의 담당자들이 내 사무실로 상담 요청을 보내온다. 그런 사람들 중에는 스트레스로 인해 우울증에 걸린 사람도 있다. 누구든지 고객 불만을 듣는 입장에 서는 것은 즐겁지 않다.

"오늘은 고객이 어떤 불만을 제기할까? 기대되네."

고객 불만에 대응하는 일이 주요 업무인 고객 상담실에서 근무하는 사람이라도 이런 말을 하지는 않을 것이다. 나 역시 그렇다.

최근 들어 고객 불만에 잘 대응하기가 이전과 비교할 수 없을 정도로 어려워지고 있다. 그 이유는 무엇일까? 답을 간단히 정리하자면 악덕 소비자의 '속성'이나 '목적', 더 나아가 '수법'이 다양화되었기 때문이다.

예전에는 악성 불만을 제기하는 악덕 소비자의 대부분은 금전을 목적으로 했으며, 조직 폭력단 등의 반사회적 세력이 뒤에서 조종하는 경우가 많았다. 1992년 폭력단 대책법이 시행된 이래 조직 폭력단의 영향력이 현저히 줄어들었지만, 그들 중 일부는 일반 시민을 가장하여 사회에서 활동을 계속하고 있다.

평소 맺힌 울분을 풀고 싶은지는 몰라도, 오히려 반사회적인 성격을 띤 세력들과는 원래부터 관계가 없는 선량한 시민들이 일부러 상대방의 기분을 상하게 할 만한 말을 하거나, 범법자들을 무색하게 만들 교묘한 수법으로 상대방을 속여 금품을 빼앗는 일들이 발생한다. 또는 실제 악의는 없더라도 고객의 불안이나 과도한 고민이 불만 사항이 되는 경우도 있다. 고객 불만에 대응하는 담당자들은 고객들의 불만 사항을 들어 주면서 인내심의 한계를 경험한다.

인터넷의 보급과 더불어 인터넷 공간은 악덕 소비자들의 온상이 되었다. 인터넷을 통해 누구든지 부정적인 평가를 쉽게 퍼뜨릴 수 있게 되었다.

고객은 왕! 이미 오래전부터 들어 오던 표현이지만, '고객 만족 CS'이라는 개념이 널리 퍼진 요즘에는 고객이 제대로 왕 대접을 받는다. 문제는 왕들 중에서 백성이 가진 것을 뜯어낼 궁리만 하는 자들이 있다는 사실이다.

그렇다면 어떻게 대처하는 것이 좋을까. 우선 이런 현상을 바탕으로 고객 불만에 대응하는 방식에 변화를 줘야 한다.

다음 그림을 살펴보자. 고객 불만을 '화이트', '그레이', '블랙' 3가지로 나누어 놓았다. 현재 그레이에 해당하는 부분이 넓어지고 있다고 보면 된다. 고객 불만에 대응할 때는 악덕 소비자를 모두 같은 부류로 여기지 말고 수준(악성 정도)에 따라 적절한 대응 자세를 취하는 것이 중요하다.

때로는 고객 만족도를 의식한 나머지 악성 불만을 제기하는 악덕 소비자를 일반 고객과 동일한 태도로 대응하기 쉽다. 그러한 대응 방식으로는 아무리 해도 문제 해결의 '실마리'가 보이지 않는다. 난처한 상황에 빠지지 않으려면, 상식에서 벗어난 요구를 집요

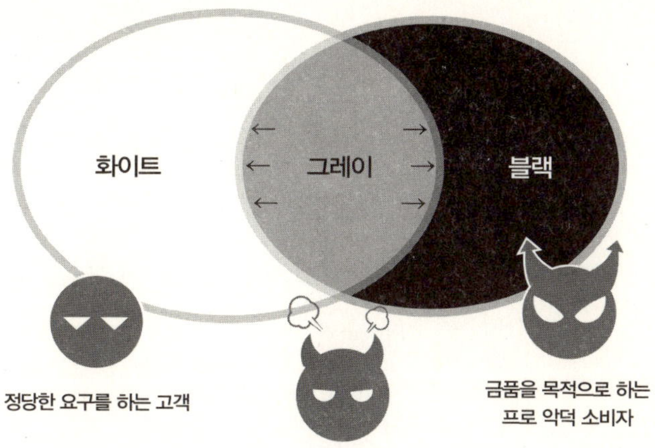

일반 시민이 그동안 맺힌 울분을 풀기 위해, 또는 기회를 노려 금품을 갈취하기 위해 불만을 제기한다. 그런 고객들 중에는 전 조직 폭력단 관계자도 있다.

고객 만족CS
Customer Satisfaction

→

위기관리RM
Risk Management

하게 하는 고객에게 대응하는 방식을 고객 만족에서 '위기관리'로
변경해야 한다. 구체적으로 어떤 과정을 거치게 되는지 살펴보자.

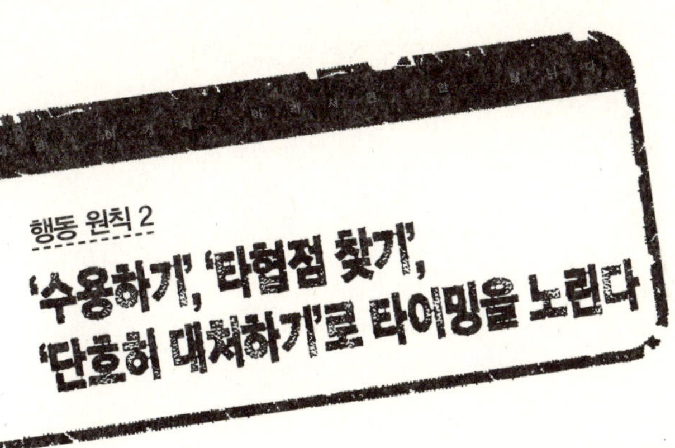

고객 불만을 해결할 기회는 세 번

스키 점프 경기에 비유하면 문제가 발생해서 해결되는 과정을 쉽게 이해할 수 있다.

점프를 시작하는 순간에는 몸을 앞으로 숙이며 낮은 자세를 유지하여 바람의 저항을 줄인다. 고객 불만에 대응하는 과정에서는 우선 화가 나서 흥분한 상대방을 진정시키기 위해 고개 숙여 사과하는 단계에 해당한다.

이 단계에서는 고객이 정당한 요구를 하는 경우도 많아서 공감하는 자세로 상대방이 하는 이야기를 귀담아 들어야 한다. '고객 만족'을 최우선 과제로 생각하면서 상대방을 '수용'하는 자세로 대한다.

고객이 제기한 불만의 대부분은 이렇게 성심성의껏 사과를 하면 수습이 된다. 이것이 고객 불만을 해결하는 첫 번째 기회이다. '사과를 통해 해결되는 문제'로 만드는 것이 핵심 포인트이다.

다음 단계로 스키 점프 선수는 점프대에서 도약하여 바람을 탄다. 고객이 제기한 불만의 실상을 파악하는 단계에 해당한다. 고객과 대화하면서 불만을 제기한 동기와 목적을 파악하는 과정이다. 즉, '타협점을 찾으려는' 자세로 임하는 것이다.

속을 알 길 없는 상대를 응대하려면 가슴이 두근두근하겠지만, 공중에서 떨어질지도 모른다는 공포와 싸워야 하는 스키 점프 선수의 모습과 비슷하다. 긴장감을 잘 극복하면 고객 불만을 해결하는 두 번째 기회가 찾아온다. 고객의 이야기를 듣고 타협점을 찾아낸다면 불만 사항을 한 건 해결하게 된다.

마지막으로 스키 점프 선수는 공중을 날아 'K점'에 다가간다. K점이란 점프대의 건축 기준점을 가리키는 용어로, 위험 라인을 나타내는 임계점으로도 사용된다.

고객 불만에 대응하는 과정에서도 K점에 상응하는 지점이 있다. 성심성의껏 사과해도 용납하지 않는 고객이 제기하는 주장의 이면에서 금전이나 특별 대우 등을 원한다는 사실이 보인다면 K점을 넘어섰다고 판단한다.

이때 대응 담당자가 기억해야 할 포인트가 있다. '손님 대우'

'수용하기', '타협점 찾기', '단호히 대처하기'로 악덕 소비자에 대처한다.

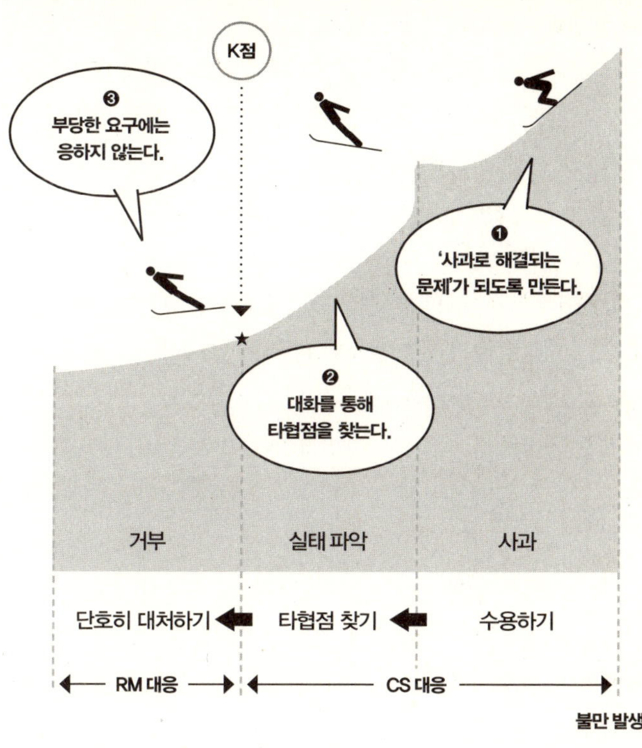

K점
❸
부당한 요구에는
응하지 않는다.
❶
'사과로 해결되는
문제'가 되도록 만든다.
❷
대화를 통해
타협점을 찾는다.
거부
실태 파악
사과
단호히 대처하기
타협점 찾기
수용하기
RM 대응
CS 대응
불만 발생

를 더 이상 하지 말고 '악성 불만을 제기하는 악덕 소비자'로 여겨 응대하는 태도를 바꾸는 것이다. '고객 만족 대응'에서 '위기 관리 대응'으로 방식을 완전히 변경해야만 한다. 단호히 대처하는 자세로 각오를 다지며 대응하는 것이다. 이 단계에서는 악덕 소비자의 요구에 응하지 말고 상대방이 알아서 물러나도록 기다리는 것이 고객 불만에 대처하는 방식이다. 고객 불만을 해결하는 마지막 기회이다.

고객의 악성 불만에 대처하는 과정을 이해하고, 고객의 특성에 맞춰 각기 다른 방식을 취해야 한다는 자세로 대응한다면 악덕 소비자의 페이스에 말리는 일은 줄어든다. 그러나 고객 불만을 듣고 있는 상황에서 평정심을 유지하기란 꽤나 어려운 일이다. 사전에 고객 불만에 대처하는 행동 방식을 잘 기억해 두어야 한다.

컴퓨터를 조작하는 경우에 빗대자면 '초기 설정'에 해당한다. 아무리 컴퓨터의 성능이 좋더라도 초기 설정을 제대로 해 놓지 않으면 정상적으로 돌아가지 않는다. 마찬가지로 고객 불만에 대응하는 상황에서 담당자가 받는 스트레스를 최소한으로 유지하면서, 동시에 고객이 제기한 문제를 효율적으로 처리하려면 사전에 대응 방식을 잘 기억해 둘 필요가 있다.

이제 '시야', '스피드', '조직'이라는 세 가지 테마에 대해 살펴보도록 하자.

'무엇이 문제인가'에 주목!

고객 불만을 해결하려면 그를 둘러싼 실제 상황이 어떠한지 잘 파악해야 한다. 사실 관계를 포함하여 상대방이 불만을 제기한 동기와 목적에 관해서도 관심을 가진다.

악덕 소비자의 실체를 밝히는 일은 쉽지 않다. 예전에는 한눈에 봐도 트집을 잡는다는 것이 뻔히 보이는 수준이었지만, 지금의 악덕 소비자는 선량한 시민을 가장하여 슬그머니 다가오기도 한다. 겉보기에는 깔끔한 신사거나 온화한 성품을 가진 주부여도 언제 진상 고객으로 변해 버릴지 알 수 없다.

악덕 소비자가 화난 목소리로 고함을 지른다고 해서 '열받았구나'라고만 여긴다면 섣부른 판단이다. 금품을 목적으로 하는 악덕 소비자가 이미 손익 계산을 다 끝내고 큰 소리로 불만을 제기하는 것일 수도 있다. 과도한 요구를 하는 악덕 소비자로 보여도, 실상은 문제를 너무 깊이 고민한 나머지 진상 고객처럼 행동하게 된 경우일 수도 있다. 불만에 대처하는 담당자의 초기 대응이 적절하지 못해서 기분이 상한 고객일 수도 있다. 물론 처음부터 금품을 노리고 덤벼들었을 가능성도 있다.

불만이 처음 제기되었을 때는 그 고객이 '피해자'인지, '가해자'인지조차 확실히 구별하기 어렵다. 불만의 원인이 한쪽의 과실일 수도 있고, 쌍방 과실이 인정될 수도 있기 때문이다. 고객 불만 담당자는 그야말로 빛이 없는 곳에서 손을 더듬어 물건을 찾듯이 감에 의존하여 불만의 실체를 파악해 나갈 수밖에 없다. 그럼 불만 대응 담당자는 어떻게 하는 것이 좋을까? 정답은 대응 단계에 따라 문제를 바라보는 '시야'를 조정하는 것이다.

'수용하기' 단계에서는 시야를 넓혀 신경을 써서 여러 상황들을 두루 살펴야 한다. 그렇게 하지 않으면 담당자는 상대방의 불만이나 목적이 무엇인지 전혀 가늠하지 못한다.

반면 '타협점 찾기' 단계에서는 조금씩 시야를 좁히면서 상대방이 어떤 점에 집착하고 있는지 범위를 좁혀야 한다. 카메라 촬영에 비유하자면, 전체적인 풍경을 담는 오버뷰에서 특정 부분에 초점을 맞추는 클로즈업으로 범위를 좁혀 가는 식이다. 담당자가

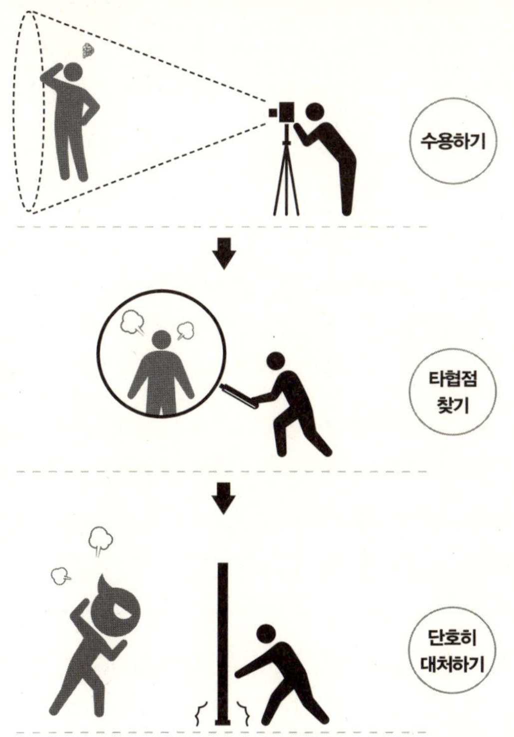

고객 불만에 대처하는 단계에 맞춰
'시야'를 조정하는 것이 중요하다!

불만에 대처하기 위해 해야 할 일이 무엇인지 파악해야 한다는 것이다. 중요한 항목에 '주목'하는 것이라고 표현해도 적절하다.

마지막으로 '단호히 대처하기' 단계에서는 오히려 시야를 닫아 버릴 정도의 마음가짐을 가져야 한다. 실제로 고객이 제기한 문제에서 완전히 시선을 돌려 버리지는 않지만, 상대방이 이러쿵저러쿵 불만을 늘어놓아도 집중해서 열심히 들어 줄 필요는 없다. 이처럼 시야를 조정하는 이유는 담당자가 대응 단계에 맞춰 '해야 할 일'을 확실하게 정리하기 위함이다.

특히 대응하기 어려운 고객 불만은 가능한 한 대응에 필요한 행동을 단순화시켜 두는 것이 좋다. 설령 이야기가 복잡해지더라도 '해야 할 일'이 단순한 '작업'으로 생각된다면 문제를 해결해야 하는 담당자의 기분이 상당히 가벼워진다.

쉽게 설명해 '수용하기' 단계에서는 상대방의 요구 내용을 '가능한 것'과 '불가능한 것'으로 명확히 나누어 파악한다. '단호히 대처하기' 단계에 들어서면 악덕 소비자에게 불만 사항을 수용하는 것이 '불가능하다'는 결론만을 전달한다. 상대방이 하는 주장을 이해해 줄 필요가 없다면 양해를 구하려는 노력도 필요 없다. 즉, 대응이 어려워질수록 대응 담당자가 취할 '행동의 선택지'를 좁히는 것이 중요하다.

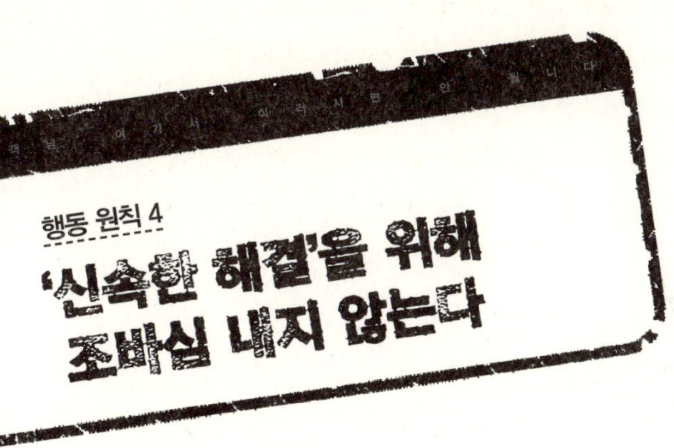

'단기전'에서 '장기전'으로 옮겨 간다

고객 불만에 대응할 때는 절대로 '조바심'을 내지 않아야 한다. '수용하기' 단계에서는 상대방이 더 이상 화를 내지 않도록 대응을 신속하게 해야 한다. '타협점 찾기'나 '단호히 대처하기' 단계에서는 침착한 자세를 유지하면서 상대방이 어떤 입장을 취하는지 찬찬히 살펴볼 필요가 있다.

자동차 운전에 비유해 보자. '수용하기' 단계는 액셀을 밟은 상태지만, '타협점 찾기' 단계는 엔진 브레이크를 밟아 속도를 줄이는 상태라고 볼 수 있다. 부적절한 대응을 피하기 위해 상대방을 유심히 관찰하기 때문이다. 악덕 소비자와의 싸움이 '단기전'에서 '장기전'으로 변하는 것이다. 마지막으로 '단호히 대처하기' 단계에서는 사이드 브레이크까지 내려 완전히 정지하겠다는 각오마저 마다하지 않겠다는 자세를 보여야 한다.

사실 '타협점 찾기' 단계에서 기력을 완전히 소모하여 이미 지쳐 버리는 고객 불만 담당자가 매우 많다. 이 상황에서 담당자가 가장 두려워하는 것은 악덕 소비자가 휘두르는 폭력이 아니다. 대개는 사회적으로 받을 비난과 소속된 조직 내에서 제기될 책임에 관련된 문제이다.

누구나 휴대폰을 가진 요즘에는 고객 불만 담당자가 부주의로 말실수를 하거나 불만을 제기한 상대방을 밀쳐 내려는 태도를 보일 수 없다. 그렇게 고객 불만에 대처했다가는 인터넷 게시판이나 동영상 사이트 등을 통해 삽시간에 퍼져 나간다. 그것은 담당자가 소속된 조직에 막대한 타격을 줄 뿐만 아니라 담당자 개인의 입지도 위태롭게 한다.

서둘러 문제를 해결하려고 하면 악덕 소비자가 노리는 대로 행동하게 된다. 악덕 소비자는 동요하는 담당자의 빈틈을 노리고 말꼬리를 잡아 과도한 요구를 밀어붙이려고 한다. 문제가 발생한 직후의 신속한 대응은 성의를 보이는 자세이지만, 그 이후의 단계에서 문제를 서둘러 해결하려고 하면 제 무덤을 파는 상황을 자초하고 만다. 신속한 대응과 신속한 해결은 전혀 다른 것임을 명심해 두기 바란다.

일이 잘 안 풀릴 것 같으면 '속도'를 줄인다.

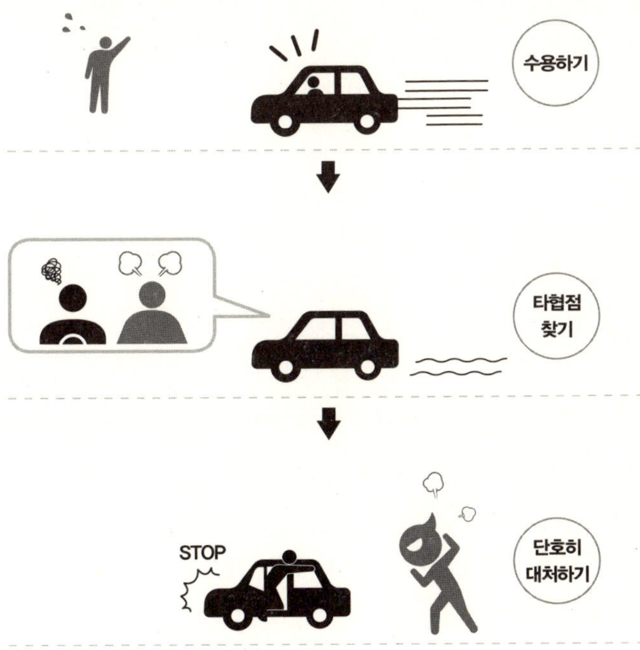

수용하기
타협점 찾기
STOP
단호히 대처하기

고객 불만에 대처하는 단계에 따라
'속도' 조절이 중요하다!

한편 다른 시각으로 살펴보면 '시간'에 쫓기는 사람은 악덕 소비자 쪽이다. 악덕 소비자도 여러 종류로 나뉘지만, 그중에서도 금전을 노리는 악덕 소비자는 고함을 질러 담당자가 정신없이 제대로 대처하지 못하게 만든다. 그런 뒤 자신의 허점이 드러나기 전에 금품을 갈취하는 수법을 쓴다. 이른바 보이스 피싱과 동일한 수법이다.

악덕 소비자는 경찰이 문제 해결 과정에 개입하는 상황을 가장 두려워한다. 만약 한몫 챙기겠다는 마음을 먹고 일을 벌인 악덕 소비자라면 자신이 제기한 불만을 해결하는 과정이 장기화되는 것을 매우 싫어한다. 교섭 기간이 길어질수록 경찰에 신고될 위험이 커지기 때문이다.

한편 대응하는 쪽에서는 문제를 꼭 해결하려고 서둘러서 대처할 필요가 없다. 단, 담당자 혼자서는 할 수 없는 부분이다. 한 사람이 '대처하는 시간'에는 한계가 있다. 고객 상담실의 전담 직원이나 콜 센터의 오퍼레이터가 대처에 나선다고 해도 악덕 소비자 한 사람만을 상대로 내내 대응하지는 못한다.

그럼 악덕 소비자에게 조직적으로 대응하면 어떨까? 실제 악덕 소비자의 불만에 대응하는 담당자를 뒤에서 돕는 여러 명의 동료가 있다면 대응 '시간'이 여유로워진다. 문제 해결 과정을 장기전으로 만들기 위해서라도 '개인으로 대응하기'에서 '조직적으로 대응하기'로 방식을 크게 바꿔야 한다.

혼자라면 누구나 마음이 약해진다

최근 고객 불만에 대응하는 업무를 맡는 담당자는 매우 어려운 상황에 처해 있다. 악덕 소비자가 공격을 가해 오더라도 방어 이외에는 대응할 수단이 없기 때문이다.

일반적으로 매스컴의 논조나 여론의 분위기는 기업과 행정 기관, 병원, 학교 등의 '조직'에 대해 매우 엄하다. 일단 문제가 발생하면 매스컴과 여론이 함께 조직을 맹렬히 비난하는 경향이 있다. 사회성과 공공성을 의식하여 조직은 저자세로 문제에 대응할 수밖에 없다. 반면 악덕 소비자는 진상 고객이라고 해도 무방할 정도인데도 소비자, 환자, 학생과 학부형이라는 명목하에 '개인'으로 여겨지며 동시에 '약자'라는 꼬리표가 붙는다.

이런 상황에서 인터넷까지 널리 보급되었다. 일반 시민들은 정보를 발신할 강력한 수단을 손에 넣었고, 조직에게 강한 압력을 넣을 힘을 얻었다. 예전에는 고객이 불만을 제기할 곳은 기업이 설치한 고객 센터 정도밖에 없었다. 이제는 불만 사항을 메일로 보내거나 휴대폰으로 찍은 사진과 동영상을 인터넷에 공개하는 것이 가능하게 되었다.

개인이 조직에게 '직접적으로 싸움'을 걸어오지 않더라도 다른 일반 소비자들과 연대하여 '포위망'을 만든다. 그들은 '소비자 전체에 대한 기만행위다!' 등의 주장을 펼치면서 절대 다수의 지지자를 등에 업고 공격해 올 수도 있다. 이제 고객 불만을 들어야 하는 담당자야말로 진정한 약자이지 않은가? 악덕 소비자는 상대가 공격 펀치를 자신에게 못 날릴 것이라고 믿고 제 마음대로 행동한다.

다음과 같은 상황을 머릿속으로 떠올려 보자. 무대는 고대 로마의 콜로세움. 한 검투사가 생사를 건 싸움을 하고 있지만, 관중석에 앉은 로마 시민은 모두 상대방을 응원한다. 관중은 모두 자리에서 일어나 열띤 응원을 펼치며 흥분의 도가니에 빠져 있다. 지금 경기에 임하는 검투사에게는 마치 홈을 떠나 멀리서 원정 경기를 벌이는 상황이나 다름없다.

게다가 상대는 무엇이든 꿰뚫어 버리는 '막무가내'라는 강력한 무기를 손에 들고 연속 공격을 해 온다. '성의를 보여라!'라고 외치며 일방적인 공격을 퍼붓는 상대방에게 규칙 따위는 통하지 않는다.

공격을 버텨 내기도 잠시, 곧 마음이 약해져 온다. 결국 손을 쓸 아무런 방도도 없이 검투사는 콜로세움의 한가운데에서 홀로 망연자실한 상태에 빠진다. 이 검투사가 바로 무리한 요구를 하는 악덕 소비자와 대치하는 현장 담당자의 모습이다.

그렇다면 이런 상황에서 어떻게 하는 것이 좋을까? 그에 대한 답은 조직의 뒷받침이다. 직장 동료들이 힘을 보태 주거나 회사 전체로 대응해야 한다. 비록 궁지에 몰려 있더라도 '동료와의 연대감'을 느낀다면 악성 불만을 제기하는 악덕 소비자에게 침착하게 맞설 수 있다.

'그런 건 말로 안 해도 다 안다.'

이렇게 생각하는 사람도 있겠다. 실제로는 '번거로운 일에 말려들고 싶지 않다', '나한테 불똥이 튀는 건 질색이다' 등 동료가 어려운 상황에 처한 모습을 보고도 못 본 척하는 사람이 적지 않다. 지금까지 나는 어려움에 처한 동료를 돕지 않은 조직이 악덕 소비자의 먹잇감으로 전락하는 모습을 몇 번이나 보았다. 한 번 더 당신이 소속된 조직의 현재 모습을 살펴보기 바란다.

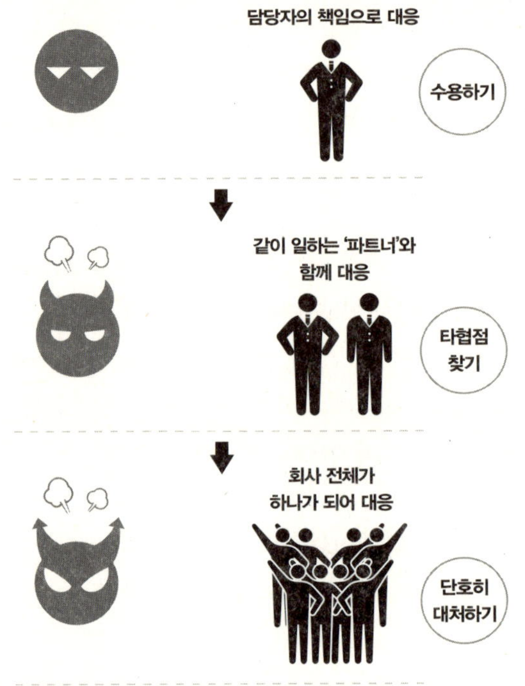

담당자 혼자서 '단호히 대처하기'란 불가능하다!

백점 만점짜리 해결이란 존재하지 않는다

고객 불만에 대처하는 과정은 언젠가 마무리되는 법이다. 문제나 불만의 내용에 상관없이 고객 불만은 언젠가는 수습이 된다. 일이 꼬여서 조정이나 재판을 하는 경우도 있지만, 어쨌든 반드시 끝나고 만다. 고객 불만에 대응하는 과정에서 백 점 만점짜리 해결을 추구할 필요는 없다. 불만을 제기한 측과 대응한 측 모두가 완전히 납득하는 일이란 불가능하다.

예를 들어 3개월 동안 끊임없이 전화로 불평을 늘어놓던 악덕 소비자가 4개월째로 접어들자 전혀 전화를 걸지 않는 경우가 있다. 이때 악덕 소비자는 대응한 측의 입장을 납득했다기보다는 단순히 불만 제기를 그만두었을 뿐이다. 그래도 담당자는 '고객 불만을 잘 해결해 주었다'는 자신감을 가져도 괜찮다.

다음 장부터는 드디어 실전에서 사용할 테크닉을 소개한다. 당신이 처한 현실과 비교하면서 읽어 나가면 좋을 것이다.

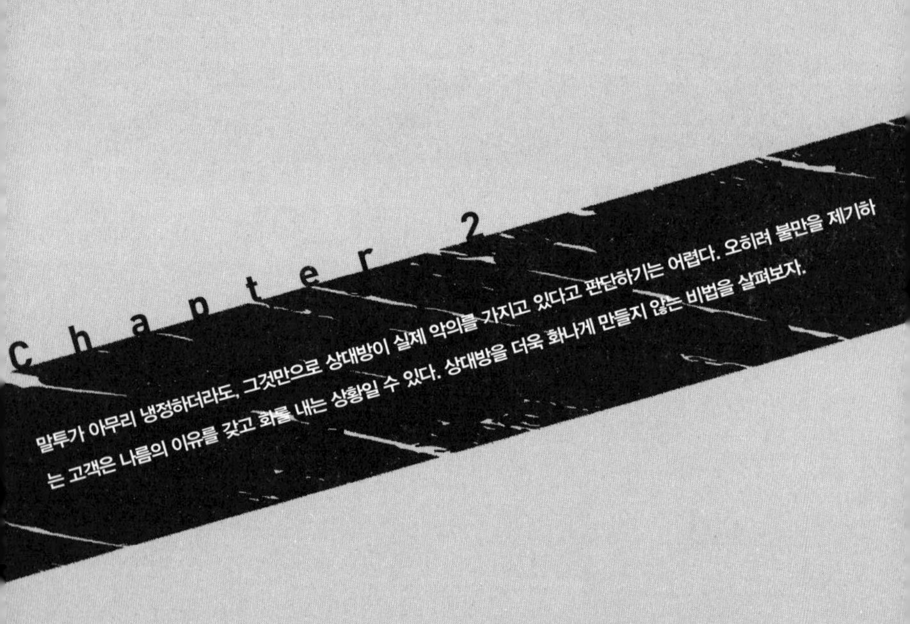

Chapter 2
말투가 아무리 냉정하더라도, 그것만으로 상대방이 실제 악의를 가지고 있다고 판단하기는 어렵다. 오히려 불만을 제기하는 고객은 나름의 이유를 갖고 화를 내는 상황일 수 있다. 상대방을 더욱 화나게 만들지 않는 비법을 살펴보자.

일반 고객을 진상 고객으로
만들지 않는다

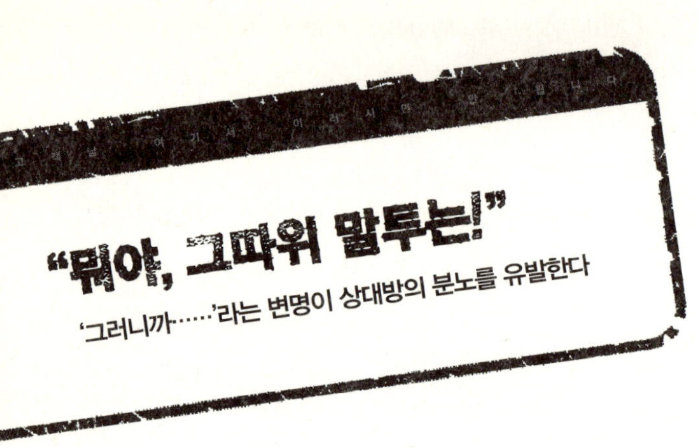

담당자 입장 : 도대체 뭐가 불만이야?

월요일 오후 3시. 부서 내 회의에서 잔뜩 비판을 받은 가타야마 이치로는 어깨를 축 늘어뜨린 채 자기 자리로 돌아왔다. 산처럼 쌓인 자료를 눈앞에 두고 어느 것부터 손을 대야 할지 머리를 싸매고 고민하던 가타야마에게 내선 전화가 걸려 왔다.

"가타야마 씨, 고객에게 전화가 왔습니다. 4월에 발매한 신제품에 불만이 있다고 합니다."

가타야마는 새어 나오는 한숨을 눌러 참으며 전화기의 버튼을 눌렀다.

"오래 기다리셨습니다. 담당자인 가타야마입니다."

"취급 설명서에 적힌 대로 조작해도 전혀 작동하질 않아. 어떻게 된 거지?"

"죄송하지만 지금 제품이 어떤 상태인지 설명해 주시겠습니까?"

"이도 저도 아닌 상태야. 어떻게 해도 전혀 반응이 없다고!"

수화기 저편에서 거친 숨소리가 들려왔다. 가타야마는 상대방의 사나운 말투에 당황했지만, 이 정도 수준의 불만에는 이미 익숙하게 대처할 거라고 생각했다.

"죄송합니다. 제가 금방 확인해 보겠습니다. 고객님의 성함을 좀 알려 주시겠습니까?"

"4월에 계약한 가시와기야."

가타야마는 고객 데이터를 확인해 가면서 말을 이었다.

"저희 회사와 계약을 맺어 주셔서 감사합니다. 지금 무엇이 문제이시죠?"

"여러 번 다시 해도 잘 안 돼. 전원 버튼을 눌러 봐도 조작 패널에 불이 안 들어와! 이거 불량품 아닌가? 빨리 교체해 줬으면 좋겠어."

"가시와기 고객님, 전원 버튼을 누른 후 시작 버튼을 눌러야 조작 패널에 불이 들어옵니다. 시작 버튼은 누르셨습니까?"

짜증 섞인 상대방의 목소리가 조금 누그러졌다.

"시작 버튼? 그게 뭐야? 설명서 어디에 그런 게 나와?"

"사용 설명서 2페이지에 나와 있습니다."

"……."

"2페이지의 네모 칸 안에 적혀 있습니다."

"누르라고 되어 있긴 한데, 무슨 말인지 잘 이해가 안 돼."

가타야마는 상대방이 멍한 표정을 짓고 있다는 생각이 들면서 지금 상황에 진절머리가 났다.

"그러니까……."

엉겁결에 툭 튀어나온 말이었다. 그 말을 입에 담은 순간 수화기 반대편에서 들려오는 상대방의 화난 목소리가 귓가를 때렸다.

"뭐야, 그 따위 말투는!"

누가 봐도 화를 돋우고 만 상황이었다.

'어, 왜 이렇게 화를 내지?'

고객 입장 : 감히 나를 바보 취급 하다니!

가시와기 사토루는 15년 동안 계속했던 직장 생활을 접고 막 개인 사업을 시작한 참이었다. 사무실에는 같이 일하는 아르바이트생이 한 명 있을 뿐이다.

"사장님, 주문한 기자재가 도착했습니다."

사무실에 출근한 이른 아침부터 아르바이트생이 전해 준 소식에 들뜬 마음으로 포장재를 뜯었다.

'이걸 사용하면 일을 처리하는 효율이 오르겠지.'

가시와기는 아무리 사용 설명서를 읽어 봐도 무슨 말인지 도통 이해가 되지 않았다. 납기일이 얼마 남지 않은 작업의 진척 상황을 걱정하면서 점심 식사까지 건너뛰었다. 하루 종일 사용 설명서대로 기계를 작동시켜 보려고 씨름했지만 진척이 없었다. 점점 조바심이 났다.

"제조사에 전화해 보는 편이 좋지 않을까요? 불량품일지도 몰라요."

보다 못한 아르바이트생이 권유하자 가시와기는 수화기를 집어 들었다.

"여보세요? 이번에 새로 나온 제품을 구입한 사람인데……."

약간 화가 난 말투로 용건을 말하니 곧 담당자와 연결해 주었다. 하지만 상황은 쉽게 풀리지 않았다.

'가타야마란 놈은 정말 무례한 자식이군!'

| 대응 비법 |

'그……'를 '공손한 말'로 바꾼다

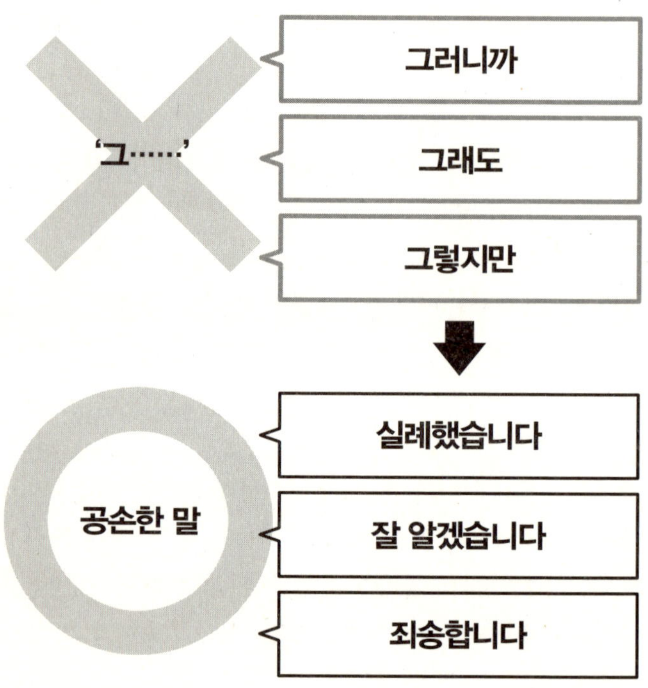

'그……'는 '위에서 내려다보는 시선', '발뺌하려는 태도'로 들린다

고객 상담실에 소속된 직원이나 콜 센터의 오퍼레이터만 고객 불만을 듣는 것은 아니다. 일상적인 업무 중에 전화로 불만을 제기하는 고객에게 대응해야만 하는 사람도 많다. 담당하고 있는 일로 바쁜 상황인데도 갑자기 고객 불만에 대응해야 하는 상황이 생긴다면 당황스러워진다.

그런 상황이라면 비즈니스 매너를 완전히 몸에 익힌 베테랑 사원이라도 종종 부주의하게 입에 담은 한마디 말로 큰 실수를 하게 된다. 대표적인 예가 '그러니까', '그래도', '그렇지만' 등의 표현들이다. 나는 이런 표현들을 '그'로 시작하는 말로 한데 묶어 고객 불만에 초기 대응할 때 절대 입에 담지 말라고 지도한다.

사실 이런 표현은 이야기가 진전 없이 계속 같은 자리를 맴돌거나, 하고 싶은 말이 무엇인지 정확히 파악하기 어려운 이야기를 들으면 누구든지 쉽게 입에 담는다. 하지만 그 말을 듣는 상대방은 '위에서 내려다보는 시선', '변명하면서 발뺌하려는 태도', '반항적'인 말투로 느낄 가능성이 있다. 만약 문제가 발생한 원인이 고객의 이해력 부족이라 해도 고객 불만 담당자가 '그'로 시작하는 말을 사용하면 오히려 상대방의 화를 돋우게 된다.

고객이 불만을 제기한 상황에서 담당자는 어떻게 대응하면 좋을까? '그'로 시작하는 말 대신 '공손한 말'을 사용하는 것이 좋다. 공손한 말에는 '실례했습니다', '잘 알겠습니다', '죄송합니다' 등이 해당한다. 위와 같은 사례라면 다음과 같이 대응해야 적절하다.

담당자 : 2페이지의 네모 칸 안에 적혀 있습니다.

고객 : 누르라고 되어 있긴 한데, 무슨 말인지 잘 이해가 안 돼.

담당자 : 실례했습니다. 그럼 제가 자세히 설명해 드릴까요?

고객이 불만을 제기했을 때 이런 식으로 대응한다면 상대방의 자존심에 상처를 주는 일도 없고, 상대방이 진상 고객이 되는 일도 없을 것이다. '그'로 시작하는 말을 사용해서 상대방의 말을 가로막거나 반론을 제기하지 말고, 우선 공손한 말로 상대방의 감정을 수용해야 한다는 점이 중요하다. 흥분한 상태에 있는 상대에게는 '상식'이 통하지 않는다는 점을 염두에 둔다. 상대와 논쟁을 벌여서 이기겠다는 생각을 하면 안 된다는 점을 기억하자.

초기 대응에는 '그'로 시작하는 말을 입에 담지 않는다

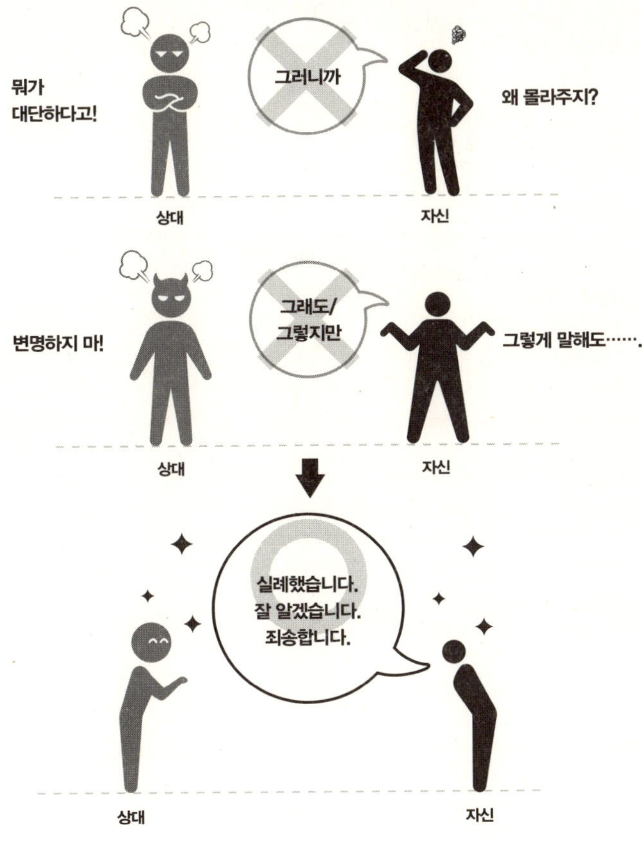

'공손한 말'로 상대방의 감정을 잘 수용해야 한다!

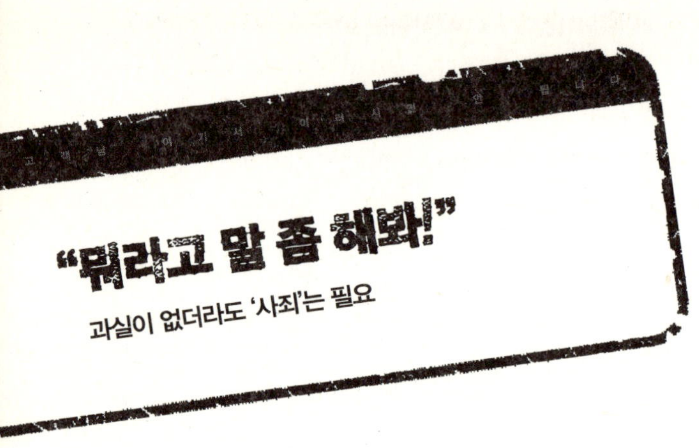

고객 입장 : 왜 자기들끼리만 쑥덕거리는 거야?

1주일 전 마사지를 받은 기타야마 노부오는 마사지숍을 재방문했다. 이번에는 시술을 받으러 온 것이 아니었다.

"여기에서 마사지를 받은 이후 허리 통증이 오히려 더 심해진 것 같아."

기타야마는 접수 담당 직원에게 말하고는 대기실 소파에 기대어 앉았다. 다른 손님은 아무도 없었다. 직원은 기타야마에게서 회원증을 받아 들고 시술실로 향했다.

기타야마는 허리의 상태를 걱정하며 마사지사가 오기를 기다렸다. 10분이 지나도록 직원이 돌아오지 않았다. 기타야마가 호출 벨을 눌러야겠다고 생각한 순간 직원의 목소리가 들려왔다.

"선생님께서는 지금 시술 중이세요. 잠시 기다려 주세요."

이 말만 남기고 급히 자리를 떠나려는 직원에게 건넨 기타야마의 말투가 의도치 않게 거칠어졌다.

"선생님은 뭐라고 하셨나? 이야기는 듣고 다시 온 거지?"

"아니요. 저는 잘 모르는 일이고요……."

직원은 말을 얼버무리고는 입을 다물어 버렸다. 기타야마는 고개를 숙이고 있는 직원에게 화가 치밀어 올랐다.

"뭐라고 말 좀 해봐!"

담당자 입장 : 잘못 말했다가는 혼날 거야

직원 가와세 지로는 기타야마가 처음 말을 건넨 이후로 내내 긴장을 풀지 못했다. 최근 마사지를 받은 고객들에게 골절 등의 문제가 자주 발생하고 있다는 이야기를 매스컴의 보도를 통해 알고 있었기 때문이다.

'우리 가게 선생님들은 시술 중에 실수하시지 않을 거라고 생각하지만, 만약의 경우…….'

아니나 다를까 마사지사에게서 '쓸데없는 말은 하지 말라'는 지시를 받았다.

| 대응 비법 |

3가지 포인트로 정리해 사죄한다

POINT 1

상대방을 불쾌하게 만들었다는 점에 대해

'불쾌하셨다니······'

POINT 2

상대방이 불만을 갖게 되었다는 점에 대해

'불편을 끼쳐 드려······'

POINT 3

미숙한 대처로 인해

'번거롭게 해서······'

"죄송합니다."

사과의 말 한마디가 없으면 수습되지 않는다

갑자기 고객이 잘못을 지적하면 자동적으로 '죄송합니다!'라는 말이 나오지 않을까? 그런 행동은 자연스러운 반응이다. 상대의 분노를 달래기 위해서는 사과가 필요하다.

반대로 종업원에게 '쉽게 고객한테 사과를 해서는 안 된다'는 지침을 내리는 회사도 있다. '일단 사과를 하면 사측의 잘못을 인정하는 꼴이 되어 고객이 보상을 요구할 것'이라고 생각하기 때문이다. 환자가 의료 과실을 주장하게 될 상황을 경계하는 병원 등에서도 이러한 경향이 보인다. 문제가 발생한 원인이 명확하지 않은 단계에서 고개를 숙이고 사과하기는 석연치 않다고 생각하는 사람도 있다. 모두 탁상공론에 불과하다.

만약 현장의 담당자가 '쉽게 고객에게 사과하면 안 된다'는 지침대로 입을 꾹 다물고 아무 말 없이 잠자코 있으면 상황이 어떻게 될까? 아마도 앞에서 소개한 사례처럼 상대방이 더욱 화가 나게 만들 것이다.

또한 사태가 심각함에도 그냥 슬쩍 덮으려고 접대용 미소라도 짓는다면 고객에게 '왜 실실 쪼개고 있는 거야!'라는 말을 들을 확률이 높다. 평소에 '미소 띤 친절한 얼굴'을 유지하기 위해 항상 신경을 쓰는 접객업 종사자들은 더욱 주의해야 할 점이다.

불만을 제기하는 고객의 대부분은 자신에게도 과실이 있을지도 모른다는 생각 따위는 하지 않는다. 따라서 직원이 건네는 사과의 말 한마디가 고객 불만에 대응하는 상황에서 중요하게 작용하는 것이다.

단, 사과할 때는 '이론 무장'이 필요하다. 사과와 정식 사죄를 구별하기 위해서다. 구체적으로 설명해 '상대방에게 불쾌감을 준 것', '상대가 느낀 불만', '미숙한 대처'라는 세 가지에 한정하여 사과한다.

위 사례에서는 먼저 '몸 상태는 어떠십니까?' 등의 말로 상대방의 상태에 염려를 표현해야 한다. 그 후 직원이 '불쾌한 경험을 하시게 해서 죄송합니다'라고 일단 사과하는 것이 옳다.

"사과했으니까 상황에 대한 책임도 져!"

정성스런 표현을 사용한 사과라면 이처럼 고객이 따지고 들더라도 대응할 수가 있다.

"아니요, 그렇지 않습니다. 사과 말씀을 드린 것은 고객님께서 불쾌한 경험을 하시게 된 부분입니다. 전면적으로 과실을 인정하여 사죄드린 것은 아닙니다."

이처럼 자신 있는 반론이 가능한 것이다.

사과에 대해 '이론 무장'을 하자

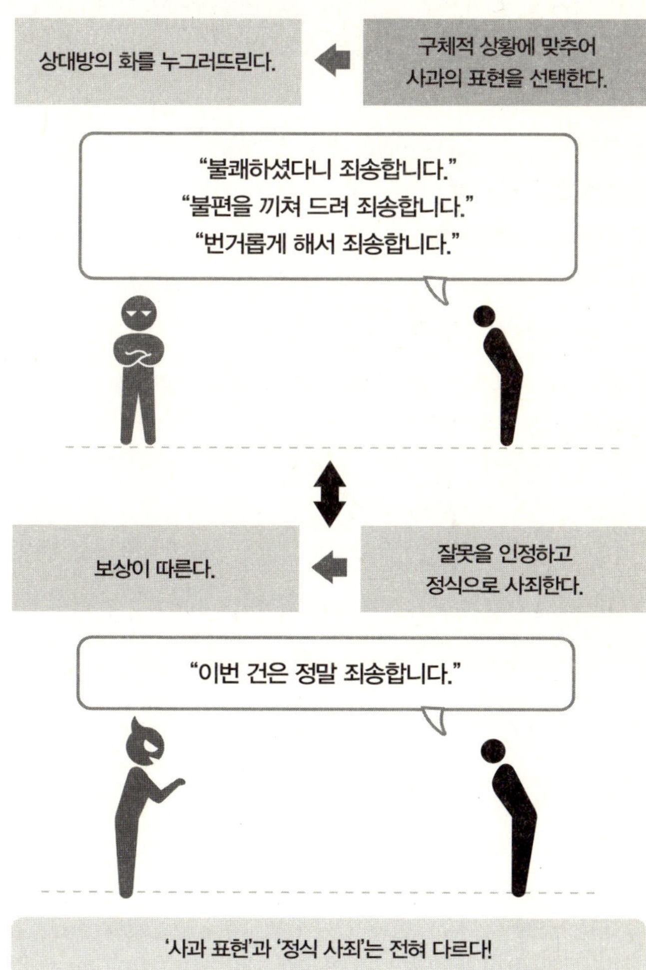

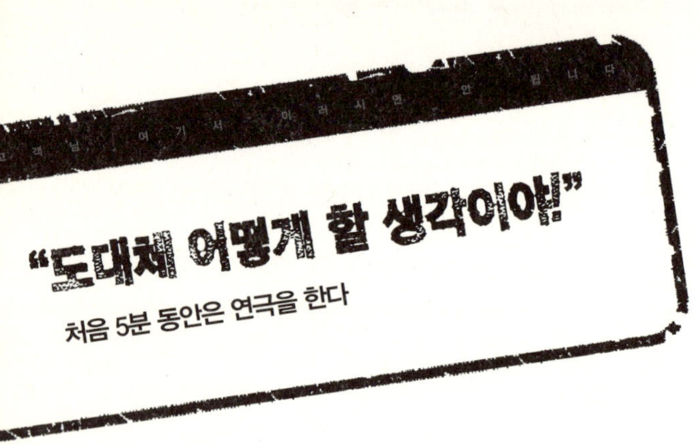

고객 입장 : 방사능에 오염되었을까 너무 걱정된다

고야마 유미는 인터넷으로 구입한 고양이 먹이의 라벨을 뚫어지게 응시했다.

'원산지는 대만. 그럼 원료 산지는 어디지? 혹시 방사능에 오염된 곳은 아닐까?'

동일본 대지진 이후 발생한 원전 사고로 방사능 오염에 관한 뉴스가 매일 보도되고 있었다. 고야마의 불안은 날이 갈수록 커졌다.

불안은 '왜 원료 산지를 명확히 표기하지 않았지?'라는 불만으로 변했다. 더 나아가 '애완동물도 가족이잖아. 우리 집 고양이가

방사능에 피폭되면 어쩔 거야!'라는 분노로 변했다. 고야마는 휴
대 전화로 고양이 먹이를 판매한 회사의 콜 센터로 전화를 걸었다.

담당자 입장 : 어쩌면 이리도 신경질적인 고객일까

고다마 아츠코는 콜 센터에 근무한 지 3년째인 직원이다. 전직
성우라는 이색적인 경력의 소유자인 고다마의 전화 응대 기술은
상사나 동료에게 높은 평가를 받고 있다.

"진구상사입니다."

고다마는 헤드 마이크에 대고 평소와 다름없이 밝고 씩씩한 목
소리로 대답했다. 그런데 헤드폰을 통해 들려온 목소리는 무시무
시할 정도로 화가 나 있었다.

"도대체 어떻게 할 생각이에요!"

고다마가 근무하는 콜 센터에서는 '저희 회사 제품을 구입해
주셔서 감사합니다'라는 인사로 응대를 시작하도록 지도했다. 지
금은 그렇게 느긋하게 감사 인사나 건네면서 대응을 시작할 상
황이 아니었다.

"죄송합니다. 어떤 용건이십니까?"

"그쪽 회사에서 판매한 고양이 먹이가 방사능에 오염된 거 아
니에요?"

다양한 종류의 고객 불만 전화를 처리해 온 고다마지만, 이번
경우에는 약간 당황하지 않을 수 없었다. 고야마가 말을 이었다.

"어디서 잡은 물고기를 쓴 거죠?"

고다마는 '그렇구나. 그런 이유로 전화했구나'라고 생각했다. 이제 고객이 전화를 건 상황을 파악했다.

"지금 당장 확인해 보겠습니다. 주문 번호를 알려 주시겠습니까?"

"123번에 4567."

컴퓨터 화면을 확인한 고다마는 마이크에 대고 고개를 숙여 정중하게 인사를 했다.

"고야마 유미 님이시군요. 항상 애용해 주셔서 감사합니다."

인사와 함께 고다마는 친절히 설명을 했다.

"이 상품은 원산지가 대만으로 되어 있습니다."

'이제 납득하겠지.'

그러나 일은 그리 쉽게 풀리지 않았다.

"그건 이미 알고 있어요. 원료 산지가 안 나와 있잖아요!"

고다마는 '아차!' 싶었지만 곧 상황을 수습하기 위해 입을 열었다.

"실례했습니다! 말씀하신 대로입니다."

"그래서 걱정이 된다고요!"

"네, 걱정되시는 것도 너무 당연한 일입니다. 죄송합니다."

"제 고향이 후쿠시마예요."

"아, 그러신가요."

"지금은 도쿄에서 자취 중이지만, 어머니와는 전화 통화를 자주 해요."

"그러시군요."

"친척들도 후쿠시마에 있었어요. 거기서 키우던 개는 피난하면서 데리고 가지 못했다고 하더라고요."

"앗, 그런 일이 있으셨군요."

"정말 힘들었던 모양이에요."

"걱정이 많으셨겠어요."

고다마는 고야마의 말투가 점차 누그러진 것을 눈치챘다.

"고야마님, 이 상품의 원료 산지가 어디인지 정확한 장소를 말씀드리기는 어렵습니다. 하지만 원산지가 대만이어서 후쿠시마 원전 주변에서 잡은 물고기가 아닌 것만은 거의 확실합니다. 그래도 계속 걱정되신다면 제조사에 문의해 볼 수 있는데, 어떠신지요?"

"네, 그렇게 해주시면 좋겠네요. 고마워요."

| 대응 비법 |

3가지 '맞장구'로 상대방에게 공감하고 있음을 보여 준다

1

직접적으로 상대방의 이야기에 동조한다.

"네."

"그러시군요."

2

좀 더 강한 어조로 상대방의 의견에 동조한다.

"맞는 말씀이십니다."

"말씀하신 대로입니다."

3

감정을 실어 상대방의 이야기에 동조한다.

"앗, 그러신가요."

"그런 일이 있으셨군요."

맞장구를 치면서 이야기를 들어 주는 것만으로 충분하다

처음부터 악의를 가지고 불만을 제기한 사람이 아니라면, 대개는 담당자가 상대방의 입장에 공감을 표현함으로써 문제 해결의 실마리를 찾아낼 수 있다. 일반적으로 악덕 소비자는 자기만의 생각이나 확신에 사로잡혀 있다. 상대방이 공감하면서 자신의 이야기를 들어 주면 서서히 흥분을 가라앉히기 마련이다.

위 사례는 방사능 오염에 매우 민감한 고객에게 유능한 담당자가 임기응변으로 대응하는 상황을 그리고 있다. 담당자가 화려한 언변이나 정밀한 논리로 상대방을 설득한 것이 아니다. 단순히 상대방의 이야기에 맞장구를 치며 화가 가라앉기를 기다렸을 뿐이다.

그 비결은 처음 5분 동안 철저한 연기자가 되는 것이다. 단, 진심이 담기지 않은 서툰 연기는 오히려 역효과를 낸다. 훌륭한 연기에 진심이 담겨 있듯이 고객 불만에 대응할 때도 진심을 담은 드라마를 한 편 찍겠다는 각오로 임해야 한다.

사례에 등장하는 담당자는 전직 성우인 만큼 '연기력'이 발군이었다. 상대방이 화를 내며 고함을 질러서 헤드폰을 벗어 버리고 싶은 기분이 드는 상황이었다. 그럼에도 기죽지 않고 상대방의 말에 맞장구를 치며 대화를 계속 이어 갔다. 상대방에게 보이지 않아도 실제 고개를 숙여 인사를 하기도 했다.

얼마 지나지 않아 상대방의 분노도 가라앉고 대화가 자연스럽게 흘러가게 되었다. 담당자는 그때서야 사정 설명을 한다. 이것이 고객에게서 불만을 제기하는 전화가 걸려 온 시점부터 약 5분 정도 길이의 '제1막'에 해당한다.

만약 방사능 오염을 걱정한 고객을 설득하기 위해 처음부터 사정을 설명했다면 어떻게 됐을까?

"원산지가 대만이니까 방사능 걱정은 아마 안 하셔도 될 거예요."

"애완동물이라고 대충 적당히 넘어가려고 하지 말아요."

이처럼 처음부터 고객에게 사정 설명을 했다면 오히려 반발만 듣지 않을까?

더구나 '원료 산지에 대해 표시할 의무는 없다'라고 딱 잘라 말했다면 상대방의 화를 더욱 돋우고 말았을 것이다. 논리로는 상대방을 이길지 몰라도 길게 보면 상품을 구매해 줄 고객을 잃을 뿐이다.

큰 목소리로 말하는 상대방에 맞춰 고객 불만 담당자의 목소리에도 힘이 들어가면 어떻게 될까? 그러다 보면 어느새 두 사람 사이에 격렬한 논쟁이 벌어지게 되는 경우도 있어 주의해야만 한다.

맞장구를 치면서
상대방의 이야기를 듣는다.

불이 크게 번지기 전에 진화 가능하다.

설득을 하려고 하거나
논쟁을 벌인다.

불이 크게 번지게 된다.

진화를 위해서는 초기 대응이 최종적인 결과를 좌우한다.
고객 불만이 제기된 직후 5분간이 중요하다!

담당자 입장 : 무서운 손님이다

화려한 정장 차림의 중년 남성이 고급 외제차를 타고 자동차용품 전문점으로 찾아왔다.

"여기서 설치한 내비게이션 상태가 안 좋아. 얼른 손 좀 봐 줘."

손님의 말을 들은 가게 종업원 구시다 테츠시는 고객의 위압적인 태도에 표정이 굳어졌다.

'상대하고 싶지 않은 고객이 찾아왔네. 잘못해서 트집 잡히면 어쩌지?'

내심 걱정스럽게 생각했지만, 우선은 정비 코너로 고객을 안

내하여 내비게이션 점검 작업을 시작했다. 그러나 문제의 원인이 쉽사리 발견되지 않는다.

"얼마나 걸리지?"

고객은 내비게이션을 점검하는 구시다의 손을 흘끔 보면서 물었다. 그 말에 깜짝 놀란 구시다는 무심코 변명을 하고 말았다.

"이 내비게이션은 상당히 오래된 기종이어서……."

이번엔 고객의 표정이 굳어졌다.

"싸구려라는 건가? 지금 내 차에 대해 트집을 잡는 거야?"

"그런 뜻으로 말씀드린 것이 아닙니다."

구시다는 필사적으로 고개를 가로젓고는 점장에게 도움을 요청하러 사무실로 달려갔다.

고객 입장 : 지금 내가 악덕 소비자라는 거야?

자동차 마니아인 구로다 요시오는 안 그래도 내비게이션의 상태가 좋지 않아서 기분이 상해 있었다. 거기다 자신의 자랑으로 여기는 차를 욕하는 이야기를 들어서 분노가 폭발할 지경이었다. 종업원은 색안경을 끼고 자신을 보고 있었다.

"감히 나를 악덕 소비자 취급을 해! 아주 그냥 막 나가는군."

정비 코너에 혼자 남겨진 구로다는 내뱉듯 말했다.

점장 입장 : 상대방의 주장을 처음부터
끝까지 듣고 난 시점에 승부를 건다

신참인 구시다를 대신하여 점장인 구와바라 다케오가 고객 응대에 나섰다. 이미 기분이 잔뜩 상해 버린 구로다는 붉게 상기된 얼굴로 고함을 쳤다.

"도대체 사원 교육을 어떻게 하고 있는 거야!"

구와바라는 다시 한 번 사과했다.

"불쾌한 기분이 드셨다니, 진심으로 사과드립니다."

이어서 구와바라는 말을 꺼냈다.

"상태가 좋지 않은 내비게이션에 대한 말씀입니다만……."

구로다가 지금을 기다렸다는 듯이 불평을 늘어놓기 시작했다.

"내비게이션이 정상적으로 작동하지 않아. 어떻게 해줄 거야?"

"당신네들이 설치한 거니까 책임지고 교환해 달라고."

"내비게이션 본체가 구식이어서 망가진 게 당연하다고 말하는 거야?"

"나한테 싸구려를 달아 준 거잖아!"

"아까 그 직원은 알바야? 고객을 대하는 태도가 엉망이잖아!"

"난 바빠. 급한 일이 있다고."

구로다는 점장이 맞장구를 치면서 계속 이야기를 들어 주니까 마음껏 하고 싶은 말만 했다. 구로다가 혼자 떠들어 댄 시간이 20분은 족히 되었다. 일단 하고 싶은 말을 다 내뱉고 나자 구로다의 화도 누그러들기 시작했다. 구와바라는 적절한 타이밍에 맞춰 문제가 무엇인지 하나하나 확실히 짚어 나갔다.

"좀 전에 고객님과 대화를 나눈 직원은 저희 점포의 정식 직원입니다. 다만 아직 경험이 부족해서 고객님께 폐를 끼치게 되어 죄송합니다. 앞으로 잘 타이르고 확실히 지도하도록 하겠습니다. 또한 바쁘신 와중에 오래 기다리시게 해서 죄송합니다."

말을 마치고 한 박자 쉰 구와바라는 다음과 같이 제안했다.

"내비게이션의 상태가 좋지 않은 원인은 최선을 다해 조사하도록 하겠습니다. 일단 대체품으로 휴대용 내비게이션을 설치해서 사용해 보시는 것은 어떠십니까? 만약 새 내비게이션을 구입하실 생각이시라면 지금 당장 새로 설치해 드리도록 하겠습니다. 아니면 오늘 하루 저희에게 여유를 주신다면 우수한 정비사를 불러 고객님의 내비게이션 점검을 끝까지 계속하도록 하겠습니다."

구로다는 잠시 생각을 하더니 결국 대체품 내비게이션을 받아 돌아갔다.

| 대응 비법 |

'경청하기 60%', '이야기하기 30%'로 실태를 파악한다

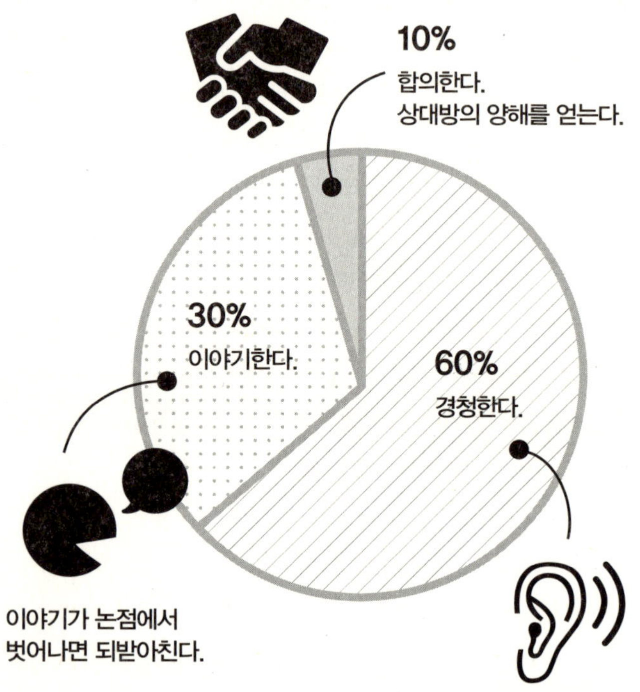

상대방이 악덕 소비자라고 일방적으로 판단하지 않는다

사람은 겉보기와는 다를 수 있다. 이것은 고객 불만 대응에서도 통하는 말이다. 외모나 말투가 사나워 보여도 그것만으로 상대방을 악덕 소비자 취급을 해서는 안 된다. 좀 더 강하게 말하자면, 설령 상대방이 조직 폭력배라 하더라도 부당한 요구가 아니라면 일반 고객과 동등하게 대우해야 한다. 반대로 우아한 몸가짐과 온화한 말투를 가진 고객이라고 경계를 게을리하면 오히려 뒤통수를 맞는 경우도 있다.

이번 사례에서 등장하는 고객은 조직 폭력배 같은 풍채였지만, 처음부터 나쁜 의도를 갖고 있지는 않았다. 당연히 상대방의 주장을 경청하여 그가 제기한 불만의 실태를 파악하려고 노력하는 편이 옳았다. 그때는 대화를 하는 도중에 끼어들어 상대방의 이야기를 끊어 버리지 않는 것이 가장 중요하다. 상대방의 말을 끊지 않고 끝까지 경청하면 상대방은 '내가 하고 싶은 말은 다 했다'는 만족감을 얻게 된다. 동시에 고객 불만 담당자는 문제의 핵심이 무엇인지 파악할 수 있게 된다.

사례에서 점장이 고객의 주장을 끝까지 모두 들을 때까지 쓸데없이 도중에 끼어들어 자신의 의견을 말하지 않은 것은 정확한 판단이었다. 이야기가 종업원의 접객 태도나 기다리느라 허비한 시간에 대한 불만으로 흘러갈 수도 있다. 하지만 전체적인 이야기를 도중에 끊지 않고 끝까지 들음으로써 '내비게이션을 빨리 다시 사용하도록 고쳐 달라'는 것이 가장 중요한 요구임을 예측하게 되었다.

그 이후 '경청하기'에서 '이야기하기'로 넘어가도록 한다. 사과를 하여 고객이 제기한 불만의 큰 줄기만 남기고 '잔가지'들을 쳐내는 과정도 중요하다. 즉, 종업원이 고객을 대한 태도와 긴 시간 동안 기다리게 만든 실수에 대해 고객에게 사과하는 것이다. 그런 다음에 고객이 제기한 불만을 해결하기 위한 방법을 제시한다.

고객에게 말한 제안을 어떻게 생각하는지 반응을 살펴본다. 이 시점에서 고객이 이해해 주지 않으면 다음 단계로 넘어가야 한다. 다행히 고객이 제안을 받아들이면 불만은 해결된 것이나 마찬가지다. 사례에서는 내비게이션을 새로 구입하지 않고 대체품을 가지고 돌아가는 식으로 마무리되었다. 그래도 고객이 제기한 불만 자체는 해결했다고 봐도 무방하다.

'경청하기'와 '이야기하기'에서는 '경청하기' 쪽에 무게가 실린다. 고객이 제기한 불만의 내용에 따라 달라지겠지만, 일반적으로 고객 불만 대응에서 '경청하기 60%', '이야기하기 30%', 나머지 10%를 상대방의 양해를 얻기 위한 '합의'로 보면 될 것이다.

경청 귀 기울기

- 겉모습이나 말투로 상대방을 판단하지 않는다.
- 맞장구를 치면서 상대방의 주장을 듣는다.
- 도중에 끼어들어 이야기의 흐름을 끊지 않는다.

제안 이야기하기

- 사과의 형태로 고객이 제기한 불만의 '잔가지'를 제거한다.
- 상대방의 요구에 맞게 구체적으로 제안한다.

나는 앞서 언급한 '사과'와 '공감'에 '경청'을 더해 초기 대응 '삼총사'로 부른다. 3가지에는 공통점이 있다. 바로 '상대방의 마음을 여는' 효과이다. 일시적인 분노를 터뜨리는 악덕 소비자에게는 우선 냉정을 찾도록 해주어야 한다.

담당자가 대응을 잘하면 악덕 소비자가 외려 단골 고객이 되어 버리는 경우도 있다. 따라서 고객이 제기한 불만에 대응하는 초기 단계에서는 가능한 한 상대방과 좋은 관계를 유지하도록 원만한 해결을 목표로 한다.

물론 모든 고객, 또는 악덕 소비자가 이 단계에서 납득하고 물러서지는 않는다. 악덕 소비자와의 본격적인 다툼이 벌어지는 시기는 이제부터다. 고객 불만 담당자에게는 무척 괴로운 상황이다. 다음 장에서는 더욱 대응하기 어려운 고객 불만에 대해 상세히 해설하도록 하겠다.

chapter 3

상대방이 가진 목적도 배경도 모르는 상황에서 악덕 소비자와 마주하면 강한 스트레스를 받는다. 그 시점에서 제대로 된 대응을 하지 못하면 해결은커녕 수렁에 빠져들고 만다. 냉정하게 상황을 판단하여 불만 해결의 성공을 목표로 하는 실전 테크닉을 알아보자.

집요하게 물고 늘어지는 진상 고객은
현장에서 처리한다

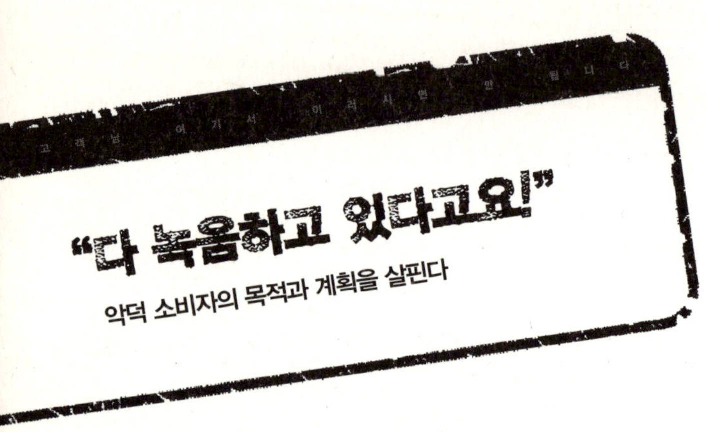

담당자 입장 : 앗, 그렇게까지 한다고?

종합 생활용품 전문점의 본점 영업부에서 일하는 사와다 카즈오는 성실함과 정력적인 일 처리를 선보여 사내에서 젊은 유망주라는 기대를 한 몸에 받고 있다. 그가 거래처와의 협의를 끝내고 회사로 돌아오자 영업 보조원으로 일하는 여성이 말을 걸었다.

"10분쯤 전에 고객이 찾아오셨어요. 지금 응접실에서 기다리고 계세요."

"누구신데요?"

"우리 회사에서 구입한 상품에 문제가 있다고 하세요. 딱히 담당자를 지명한 건 아닌데, 달리 더 잘 대응할 사람도 없어서요. 사와다 씨께서 상대해 주시겠어요?"

"알겠어요."

사와다는 곧 응접실로 향했다. '왜 일부러 회사까지 찾아온 걸까?'라고 생각하면서 문을 열었다. 처음에는 잔뜩 긴장했지만, 소파에 앉아 기다리는 상대방의 모습을 보고 곧 안심했다. 기다리건 고객은 희미하게 미소를 짓고 있는 중년 여성이었기 때문이다.

"사와다라고 합니다. 일부러 여기까지 걸음 해주시느라 고생 많으셨습니다. 오늘은 어떤 일로 찾아오셨습니까?"

사와다가 인사를 건네자 여성은 상품을 구입한 영수증을 보여 주며 대답했다.

"이 전동 공구가 고장 나서 반품할게요. 다른 상품이랑 교환해 주거나 대금을 환불해 줘요."

사와다는 영수증을 확인했다. 물건은 자사에서 취급하는 제품이 맞았지만, 구입일은 약 1개월 전이었다.

"불편을 끼쳐 드려 정말 죄송합니다. 어떤 문제이시죠?"

중년 여성은 '모터의 회전이 느린 것 같다', '사용하면 굉장히 뜨거워진다' 등 상품에 대한 불만 사항을 토로했다. 모두 주관적인 감각과 관련된 문제들이었다. 사와다는 신중하게 단어를 선택하며 말했다.

"그런 문제가 있으시군요. 그럼 구입하신 상품을 점검하여 수리를 곧 진행하도록 하겠습니다. 일단 상품을 저희가 회수해도 괜찮을까요?”

그러자 중년 여성은 미간을 찌푸리며 말했다.

“왜 당장 교환해 주지 않는 거죠?”

사와다는 ‘이런, 골치 아프게 됐군’이라고 속으로 생각했다.

“죄송합니다. 설명해 주신 내용만으로는 구입하실 때부터 있었던 초기 불량인지 판단할 수 없습니다. 우선 상품을 실제로 확인해야 하는데, 가능할까요?”

“그건 무리예요. 내일부터 당장 쓸 생각이란 말이에요.”

“죄송합니다.”

사와다는 고개를 숙였다. 순간 중년 여성의 말투가 돌변했다.

“아까부터 계속 죄송하다는 말뿐이잖아. 할 수 있는 게 그거밖에 없어?”

중년 여성은 더욱 다그치듯 물었다.

“쓰다가 너무 뜨거워서 손에 화상이라도 입으면 어쩔 거냐구?”

사와다는 고개를 끄덕이며 이야기를 들었다. 중년 여성은 더욱 화를 내며 말했다.

“당신은 ‘네’라는 말밖에 못 하냐구!”

사와다는 다시 사정을 설명하려고 했다.

“좀 전에 말씀드린 대로 우선 상품을 직접 점검해야 합니다. 그리고 전동 공구라면 사용 시 본체가 뜨거워지는 증상은 어쩔 수 없는 부분입니다.”

중년 여성은 사와다를 노려보며 상의 주머니에서 녹음기를 꺼냈다.

"다 녹음하고 있어."

사와다는 예상 밖의 전개에 곤혹스러워졌다.

고객 입장 : 공짜로 다른 기종과의 교환이 불가능한가?

곧 50세가 되는 사쿠라다 요코는 남편과 단둘이 살고 있다. 남편은 취미 삼아 DIY로 무언가 만들곤 했다. 그녀도 함께하면서 DIY 재미에 폭 빠지게 되었다. 지금은 그녀가 남편보다도 뛰어난 솜씨를 갖게 되었다.

사쿠라다는 원래 성격상 남에게 지기 싫어하며 완벽주의적인 면도 있었다. 조금이라도 마음에 들지 않는 부분이 있으면 참지 못하는 성미였다. 지난달에 구입한 전동 공구도 사용하면 할수록 점점 불만이 쌓여 갔다.

'사용감이 별로야. 거기에 무겁기까지 하네.'

지갑에서 영수증을 찾아낸 사쿠라다는 녹음기라는 '무기'를 한 손에 들고 종합 생활용품 전문점을 방문했다.

담당자 입장 : 본심이 뭐지?

"다 녹음하고 있어."

중년 여성이 말한 한마디는 고객이 제기한 불만에 대응하는 업무에 익숙하지 않은 사와다에게 쇼크였다.

'쓰는 도중에 뜨거워져서 화상이라도 입으면 어쩔 거냐고? 본체가 뜨거워지는 증상은 어쩔 수 없는 부분이긴 한데, 괜히 꼬투리 잡히는 말을 해 버린 걸까.'

그렇다고 '만약'을 전제로 이야기를 계속할 수는 없다. 그러면 상대방이 원하는 대로 모두 들어줘야 하는 상황에 처하게 될 것이다. 사와다는 마음을 가라앉히고 사쿠라다의 진심이 무엇인지 확인하기 위해 질문을 계속했다.

"고객님, 조금 더 상세하게 상황을 설명해 주시겠어요?"

사쿠라다는 치밀어 오르는 화를 누르며 대답했다.

"그러니까 계속 말하고 있잖아요. 모터의 움직임과 뜨거워지는 증상."

"그러십니까? 그 외에도 뭔가 눈에 띄는 점은 없으신가요?"

"음, 좀 무겁기도 해요."

"맞는 말씀이십니다. 이 상품은 기능이 많은 대신 약간 무게가 나간다는 단점이 있지요."

"그렇죠? 일요일마다 항상 DIY로 뭔가 만드는데, 가끔 쓰는 공구라면 이번에 구입한 물건도 괜찮겠지. 근데 상황이 그렇지가 않아요. 더 가벼운 걸 고르는 편이 좋았어요."

사쿠라다의 본심이 잘 드러나기 시작했다. 사와다는 머릿속으로 생각했다.

'이 상품이 마음에 들지 않는구나. 상태가 안 좋다는 구실로 다

른 제품으로 바꾸고 싶은 게 틀림없어.'

이미 상황을 파악한 사와다는 모르는 척 시치미를 떼며 제안했다.

"고객님, 구입하신 모델은 여성분이 쓰기에는 약간 무거울지도 모릅니다. 가지고 계신 상품을 저희에게 반품하시고 새 상품을 구입하시면 약간 할인해 드리는 것도 가능합니다. 한번 검토해 보시겠습니까?"

"네에?"

사쿠라다는 불만스럽다는 표정을 짓긴 했지만, 더 이상 아무 말도 하지 않았다.

| 대응 비법 |
본심을 이끌어 내는 질문 3단계

STEP 1

부탁하기 모드

이야기하기 편한 분위기를 조성하여 상대방의 이야기를 경청한다.

STEP 2

탐색하기 모드

상대방의 이야기에 박자를 맞춰 주면서
정신을 집중하여 본심을 탐색한다.

STEP 3

추궁하기 모드

고객 불만의 해결을 향해 대안을 제시하여 상대방의 동의를 구한다.

고객이 제기한 불만에 대응할 때는 '말했다, 안 했다'가 반복되며 결론이 나지 않는 논쟁이 되지 않도록 대화를 녹음해 두는 것이 중요하다. 그러나 악덕 소비자가 갑자기 '다 녹음하고 있어요'라는 말만 해도 기가 질려 버리는 담당자도 적지 않다. 악덕 소비자는 자신이 건넨 말 한마디에 담당자가 쉽게 기가 죽는다는 사실을 잘 알고 있다. 또한 자신에게 유리한 부분만을 골라 인터넷에 유포하는 악질적인 케이스도 있다.

물론 전혀 악의가 없는 고객이더라도 원하지 않는 트러블을 피하기 위해 대화를 녹음하는 경우도 있다. 하지만 이 사례처럼 '녹음하고 있다'는 대사는 악덕 소비자가 사용하는 '표준어'가 되었음은 분명한 사실이다.

이런 경우에는 자신이 하는 말이 녹음되고 있다는 사실에 너무 민감해지지 말아야 한다. 차분하게 고객 불만의 실태를 정확히 파악하는 것이 중요하다. 2장에서도 고객이 제기한 불만의 실태 파악에 대해 언급했지만, 집요하게 물고 늘어지는 악덕 소비자에게는 더욱 적극적으로 대응해야만 한다.

그렇게 하기 위해서는 요령껏 질문하여 상대방의 본심을 끌어내는 방법이 필요하다. 단, 처음부터 잇달아 핵심을 찌르는 질문을 반복하는 것은 금물이다. 앞서 설명한 사례에서는 '어떻게 고장이라고 단언할 수 있습니까?', '뜨겁다는 말은 어느 정도 뜨겁다는 의미입니까?' 등의 질문을 하더라도 고객에게 제대로 된 대답을 듣지 못했을 것이다.

　질문은 3단계를 거치도록 한다. 나는 경찰에 몸담았던 시절에 익힌 직무 질문의 기술을 바탕으로 하나의 방법을 고안했다.

　첫 번째, '부탁하기'로 상대방의 주장을 경청하는 단계이다.

　그다음은 '탐색하기'로 본심을 탐색한다. 상대방의 말에 맞장구를 치며 귀를 기울인다. 동시에 상대방의 말에 이상한 부분은 없는지 온 신경을 집중하여 관찰하는 단계이다.

　마지막은 '추궁하기' 단계이다. 상대방의 본심이 무엇인지 알아냈다면, 그것을 염두에 둔 해결책을 제시하여 상대방의 동의를 구한다.

　2장에서 '경청하기', '이야기하기', '합의하기'는 6대 3대 1의 비율이라고 설명했다. 질문할 때 역시 '부탁하기', '탐색하기', '추궁하기'가 각각 6대 3대 1의 비율이라고 봐도 좋다. '6:3:1의 법칙'이다.

'6:3:1의 법칙'으로 질문하기

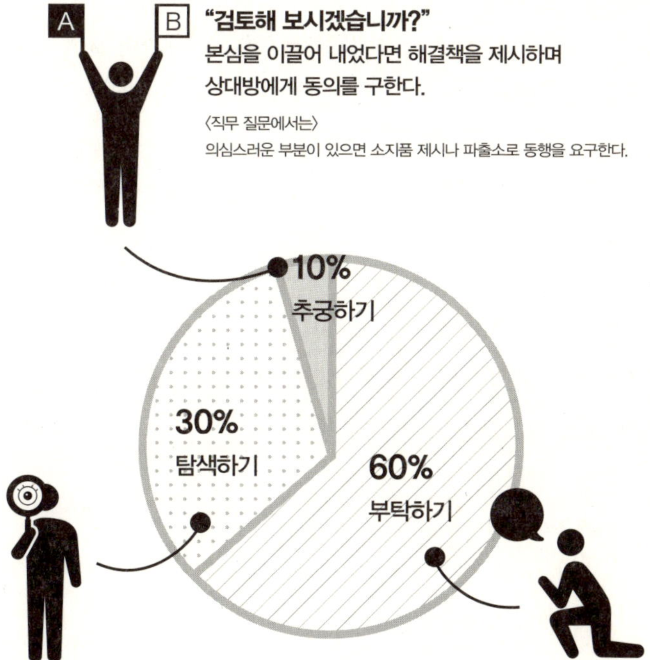

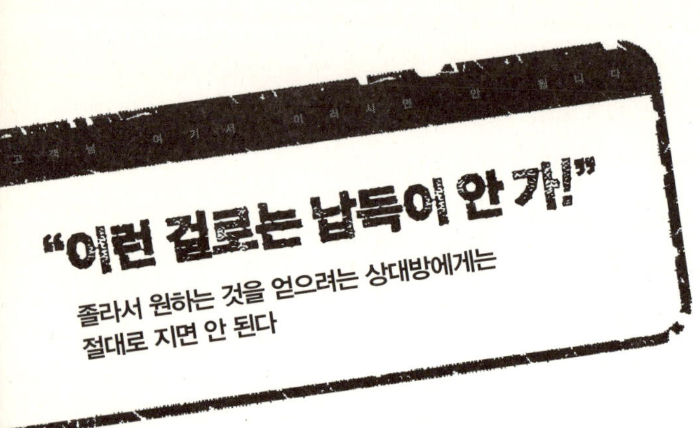

고객 입장 : 이번 기회에 제대로 뜯어내야지

"왠지 배가 슬슬 아픈데."

시바타 코지는 화장실로 뛰어갔다.

'웬 설사야! 제길!'

시바타는 신경이 곤두서 있었다. 가족이 함께 운영하는 공장의 경영이 잘 안되는 중이었다.

한숨을 쉬면서 부엌을 지나가다가 테이블 위에 놓여 있는 롤 케이크 포장지를 보았다. 어제 역 근처에 있는 가게에서 아내와 두 아이들의 몫까지 사 온 4인분의 롤 케이크 포장지였다.

'설마······.'

시바타는 포장지를 자세히 살펴보았다. 희미하게 묻은 곰팡이 같은 얼룩이 보였다. 확증은 없지만 롤 케이크 때문에 설사를 했다면 문제가 있다. 롤 케이크를 판 가게에 불평이라도 한마디 해주지 않으면 짜증이 가라앉지 않을 것 같았다.

"배 안 아파?"

시바타는 아내와 아이들에게 물어봤다.

"아무렇지도 않아."

"좀 이상한 것 같기도 하고······."

아무리 들여다봐도 확신은 없었다. 마침 알고 지내는 변호사에게서 전화가 걸려 왔다. 중요치 않은 용건을 나누다 이야기가 나온 김에 물어보았다.

"만약 외식을 했다가 식중독에 걸리면 보상으로 얼마나 받을 수 있어요?"

"왜 그런 게 궁금하세요?"

"뭐, 별일은 아니에요. 참고로 좀 알아 둘까 해서요."

"그러시군요. 일률적으로 얼마라고 하기는 어려워요. 중상이라면 치료비와 배상금을 합해 상당한 액수가 되겠죠. 십 수만 엔 정도는 되지 않을까요."

시바타는 수화기를 내려놓고 계산기를 두드렸다.

"한 사람당 15만 엔씩으로 계산한다면 네 사람에 총 60만 엔이로군."

시바타의 입가에 옅은 미소가 스쳐 갔다.

담당자 입장 : 안 되는 건 안 돼!

"롤 케이크를 먹고 가족 네 사람 모두가 식중독에 걸렸다고. 위로금 조로 60만 엔을 청구하겠어."

케이크 가게의 점장으로 일하는 시노야마 겐타로는 시바타의 말을 듣고 자신의 귀를 의심했다.

"무슨 일이시죠?"

"곰팡이가 슬어 있었어. 봐, 영수증도 여기 있고."

"그럴 리가 없습니다. 뭔가 오해하신 거예요."

시노야마가 점장을 맡은 이후 10년 이상이 흘렀다. 지금까지 한 번도 식중독 따위 일어난 적이 없었다. 그렇다고 고객을 칼같이 딱 잘라 돌려보내는 것도 마음이 쓰였다.

"맛있게 드시지 못했다니 유감입니다. 막 새로 구운 롤 케이크를 드리겠습니다. 할인권도 함께 드리죠. 다음 기회에 사용해 주세요."

시노야마는 포장된 롤 케이크를 건넸다. 물론 시바타는 롤 케이크를 받아 들지 않았다.

"이런 걸로는 납득이 안 가!"

"그렇게 말씀하셔도 제조 과정에서 곰팡이가 스는 일은 있을 수 없습니다."

시노야마는 롤 케이크를 만드는 과정에 대해서도 설명했다. 역시나 시바타는 집요하게 물고 늘어졌다.

"만약 내가 보건소에 가면 댁네 가게는 영업 정지를 먹을걸."

프로 사기꾼이 울고 갈 정도의 협박 문구였다. 시노야마는 한 가지 제안을 떠올렸다.

'그 작전을 시행해야겠구나.'

"고객님, 죄송하지만 저 혼자서 판단할 문제가 아닙니다. 중요한 사안이라 제대로 협의를 한 뒤 답변을 드리도록 하겠습니다."

"안 돼. 난 바쁘다고. 이런 일에 세월아 네월아 기다릴 수 없다고!"

"급하시겠지만 지금 당장 답변해 드리기는 어렵습니다. 부디 협의할 시간을 주세요."

시노야마는 정중하게, 그러나 더 이상은 양보할 수 없다는 뜻이 분명히 느껴지는 말투로 말했다.

"협의한 결과를 알려 드릴 연락처를 적어 주시겠습니까?"

시바타는 단호한 물음에 아무 대답도 하지 못하고 그 장소를 떠났다.

| 대응 비법 |

항복한 것처럼 말해 악덕 소비자의 과도한 요구를 무력화한다

필승 문구 1

저 혼자서 판단할 수 있는 문제가 아닙니다.

필승 문구 2

중요한 사안이라 제대로 협의를 한 뒤
답변을 드리도록 하겠습니다.

필승 문구 3

급하시겠지만 지금 당장
답변해 드리기는 어렵습니다.

고객의 악성 불만에는 마치 '항복'한 것처럼 행동한다

예전에는 상상도 못 했던 악덕 소비자가 넘쳐 나고 있다. 상대방의 실수를 세세하게 따지면서 법률에 맞지 않은 요구를 하는 소비자가 대표적인 예에 해당한다.

앞서 소개한 사례에서는 롤 케이크를 판매한 가게 측의 과실은 없다고 추측되지만, 확고한 증거가 있는 상황은 아니다. 그러한 상황에서 '보건소에 찾아가겠다'는 등의 거짓 협박을 들으면 가게 측은 어떻게 대응하면 좋을지 고심하게 된다.

이러한 악덕 소비자에게는 먼저 '즉시 답변하는 것은 불가능하다'는 말을 반복해서 전달하면 효과적이다. 나는 이러한 방식의 대처를 '항복한 것처럼 말하기'라고 부른다. 점장의 '작전'은 바로 항복한 것처럼 말하기에 해당된다. '혼자서 판단할 수 없다'고 말하고 상대방에게 항복한 듯이 행동하는 방식이다.

"판단을 내릴 수 없다면 책임자를 불러와."

악덕 소비자가 반론을 해오지 않을까 하는 걱정이 들지도 모르겠다. 그런 경우에는 '제가 현장 책임자입니다'라고 대답하면 된다.

"책임자라면 지금 여기서 판단을 내려도 되잖아!"

이처럼 다시 반격해 올 수도 있다. 그래도 항복한 듯한 자세를 계속 유지하도록 한다.

"네, 제가 책임자이긴 해도 무척 중요한 사안입니다. 제대로 협의를 하고 답변을 드리도록 하겠습니다."

그럼에도 여전히 집요하게 물고 늘어지는 악덕 소비자가 있다면?

"그러고도 책임자라고 할 수 있어? 믿음직스럽지 않군."

이런 말을 들으면 화가 나서 '그렇다면 어쩌라는 건가요?'라는 반론을 제기하고 싶어진다. 그것이 바로 악덕 소비자가 노리는 지점이다. 악덕 소비자는 다음과 같은 식으로 요구할 것이다.

"그럼 자네 입장을 봐서 60만 엔 정도로 하지?"

따라서 책임자가 이런 문제도 해결하지 못하냐는 비아냥거림을 듣더라도 꿋꿋이 받아치도록 한다.

"네, 상황이 그렇습니다."

또한 악덕 소비자에게 연락처를 물어보도록 한다. 개인 정보 보호를 구실로 거부당하더라도 '협의한 결과를 알려 드릴 수 있도록 가르쳐 주세요'라고 말해 둔다.

'항복한 것처럼 말하기'의 방식대로 대처하면 집요하게 물고 늘어지는 악덕 소비자의 상당수는 꼬리를 내리고 물러선다. 더욱 강력한 '모조 사기꾼들'을 꼼짝 못하게 만들어 버리는 효과도 있다.

'항복한 것처럼 말하기'는 고객이 제기한 악성 불만에 대응해야 할 때 사용하는 기본 기술이다. 꼭 기억해 두기 바란다.

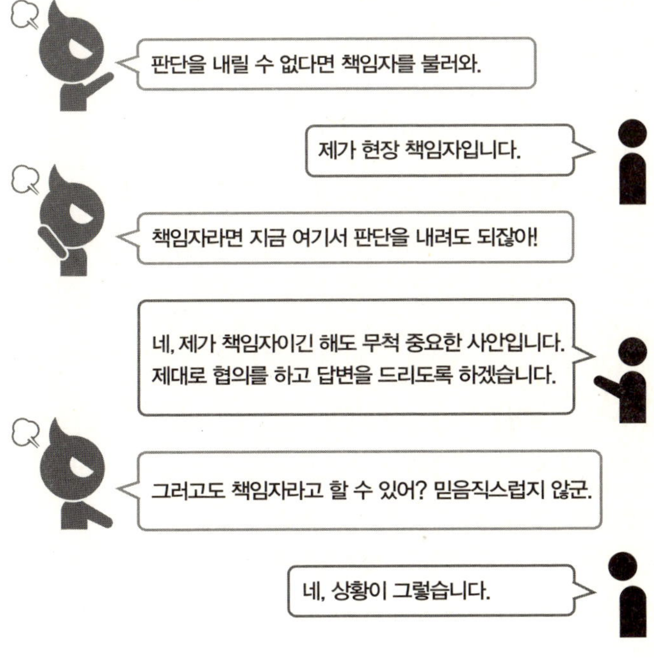

무슨 말을 듣더라도 '항복한 것 같은 자세'를 유지한다.

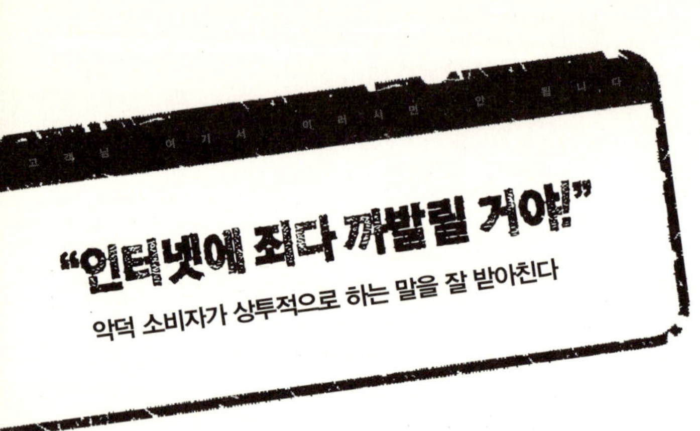

고객 입장 : 이번엔 얼마 뜯어낼까?

스도 쿄이치는 책상 서랍을 열며 슬며시 웃었다. 눈앞에는 다양한 상품권과 우대권이 가지런히 정리되어 있었다. 모두 점포나 기업에 불만을 제기해서 가로챈 '전리품'이었다.

수년 전 스도는 통신 판매로 구입한 옷에 얼룩이 있다는 사실에 화가 나서 제품을 판매한 회사에 전화를 걸어 항의했다. 항의를 한 스도는 해당 회사로부터 대체품과 함께 2만 엔 상당의 상품권까지 손에 넣었다.

이 경험을 통해 불만을 제기하는 일에 재미를 붙인 스도는 무

94

슨 일이 생길 때마다 족족 고객 불만을 걸었다. 그러자 '사과의 의미로 제공해 드리는 서비스'가 꽤 쏠쏠해졌다. 스도는 다음 타깃으로 삼은 신사복 판매점으로 의기양양하게 발걸음을 옮겼다.

담당자 입장 : 상습적으로 불만을 제기하는 악덕 소비자임에 틀림없어

본사의 고객 상담실 매니저인 스가하라 히로유키는 수일 전 점장으로부터 연락을 받았다.

"스가하라 씨, 집요하게 불만을 제기하는 고객 때문에 무척 애를 먹고 있어요. 매주 토요일마다 가게에 옵니다. 매번 '아직 세일 안 하냐', '점원의 태도가 차갑다'는 등의 불만을 늘어놓고 있어요. 다른 고객들도 계신 자리라서 정말 곤란한 상황이에요. 며칠 전에도 그 고객과 대화를 했는데 결말이 나지 않았습니다. 그러다 '본부 책임자를 만나게 해주겠다'고 말해 버렸어요."

"언제부터 그런 상황이 생겼죠?"

"실은 3개월 전에 그 고객이 저희 점포에서 캐주얼 정장을 구입했어요. 그때 밑단을 수선했는데, 1cm정도 틀리게 수선해 드렸어요. 뭐, 고객분이 틀렸다고 말씀하신 거지만요. 그게 모든 일의 시작이었죠."

"수선과 관련된 문제 자체는 해결되었나요?"

"그게 좀 애매한 상황이에요. 밑단 수선은 곧바로 다시 해서 고객분의 양해를 얻어 냈습니다. 하지만 다시 수선한 제품을 전달해 드리자 '이걸로 끝이야?'라며 순순히 받아들이지 않았어요. '다음엔 제대로 서비스해 줘'라면서 협박하듯이 말하고 돌아갔어요."

스가하라는 그 남성 고객이 상습적으로 불만을 제기하는 악덕 소비자라는 사실을 직감했다. 그가 가게를 재방문하리라 예상되는 토요일에 해당 점포에서 기다리기로 했다.

"오늘도 손님이 많군요."

스가하라는 가게 입구로 시선을 돌렸다. 점장은 눈짓으로 목소리의 주인공이 스도임을 알려 주었다. 스가하라는 스도 곁으로 다가가 인사와 동시에 사과를 하고 원래 하려고 했던 이야기를 꺼냈다.

"뭐, 다 그런 거죠. 점원의 태도도 나쁘고, 세일도 잘 안 하고, 밑단 수선도 만족스럽게 못 하고. 덕분에 기대했던 파티에 그 옷을 입고 가지 못했다고요. 그런데도 아무런 사과도 없고."

"그러셨군요. 정말 죄송합니다. 다시 한 번 사과드립니다."

"그게 사과한 거라고 생각하나요?"

스도는 언성을 조금 높이며 두 번째 공격을 날렸다.

"게다가 점장은 '곧 세일을 할 계획이니까 꼭 다시 찾아 주세요'라고 말했다고요. 여전히 세일은 시작도 안 해요. 나는 매주 기다리고 있다고요."

스가하라는 스도의 화술에 혀를 내둘렀다. 괴롭히려고 가게에 오는 것이 아니라고 은근슬쩍 말하고 있었다.

“세일 개최 여부는 점장 단독으로 결정할 사안이 아닙니다. ‘곧’
이라는 말이 이번 주나 다음 주를 가리키는 말은 아닙니다. 이 부
분은 고객님께서 양해해 주세요.”

“그렇다고 점장이 확실히 말하면 되잖아요.”

“죄송합니다. 점장에게는 제가 단단히 말해 두겠습니다. 세일
을 시작하면 고객님께 안내장을 발송해 드리겠습니다. 연락처를
알려 줄 수 있으신지요?”

악성 불만을 제기하는 악덕 소비자는 상대방에게 자신의 집 주
소를 알리고 싶지 않은 법이다. 스가하라는 이 질문으로 스도에
게 압박할 생각이었으나, 스도가 한 수 위였다.

“제가 자주 방문하니까 괜찮아요. 연락처라면 휴대폰 전화번호
를 이미 알려 줬어요.”

스가하라는 이제 상대방이 어떻게 나올지 기다렸다. 잠시 침묵
이 흐르다 스도가 입을 열었다.

“기왕 본부의 매니저분을 만난 김에 제대로 사죄를 받고 싶은
데…….”

“무슨 말씀이십니까?”

“밑단 수선이 잘못되어서 다시 수선받았을 때 다음에 제대로
서비스해 달라고 말씀드렸죠.”

스가하라는 스도가 점장을 ‘협박’했던 일을 말한다는 사실을
알고 있었지만, 일부러 언급하지 않았다.

“서비스라 하심은?”

"그건 그쪽에서 생각하실 일이죠."

"구체적으로 어떤 건가요?"

이번엔 스도가 초조해졌다.

"잘 생각해 보세요. 밑단 수선도 제대로 못 하고, 세일을 하겠다는 약속도 안 지키고, 점원의 접객 태도는 최악이고. 이런 가게는 요즘 세상에 그리 많지 않아요."

"죄송합니다. 앞으로 종업원 교육을 포함해서 서비스 향상에 매진하겠습니다."

"그런 흔한 말에 납득할 거라고 생각해요?"

서서히 두 사람 사이의 긴장이 고조되었다. 갑자기 스도가 고함을 쳤다.

"인터넷에 죄다 까발릴 거야!"

스가하라는 스도의 날카로운 시선을 느꼈다. 지금 당황하면 진다. 부드러운 말투로 스도의 말에 응수했다.

"인터넷이라고요? 곤란한걸요."

"그렇다면 죄다 까발려도 된다는 말이지?"

"곤란하네요. 하지만 고객님 생각이시라 저희가 이러쿵저러쿵 말할 입장은 아니어서요."

스가하라에게는 승산이 있었다. 스도가 금품을 노리는 악덕 소비자라면 인터넷에 글을 올리면서까지 일부러 일을 크게 만들지는 않을 것이라고 생각했다. 예상대로 스도의 기세는 바로 꺾였다.

| 대응 비법 |

'곤란하다는 표현'을 사용하여 '오뚜기 작전'으로 끌고 간다

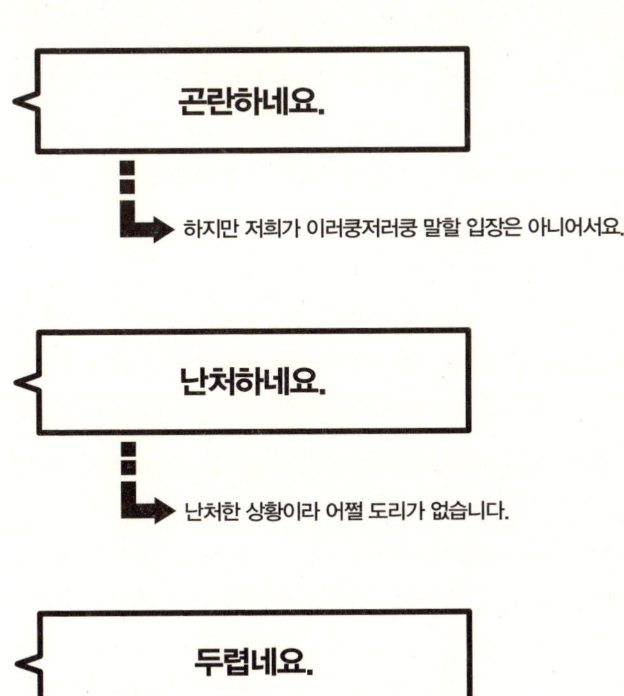

'곤란하다는 표현'은 최고의 '항복한 것처럼 말하기' 방법

"인터넷에 죄다 까발릴 거야."

악덕 소비자라면 누구나 자주 입에 담는 말이 되었다. 예전에는 하나같이 '매스컴에 흘리겠다'라고 말했지만, 인터넷이 보급되면서 자주 사용되는 표현이 변한 것이다.

누구든지 간단하게 접근이 가능한 인터넷은 악덕 소비자에게는 강력한 무기이다. 최근에는 인터넷 공간의 제보로 인한 '풍문 피해'가 늘고 있다. 예를 들어 맛집 정보 사이트의 글은 레스토랑에게 있어서는 성적표와 같다.

이번 사례는 악덕 소비자 중에서도 특히 악질적인 부류라고 할 수 있다. 원래는 '선량한 시민'이었다. 달리 말하면 누구든지 난폭한 악덕 소비자가 된다는 것이다. 그것이 인터넷 사회의 무서운 점이지 않을까?

당연히 대항책은 있다. 가장 효과적인 방법은 '상대하지 않는 것'이다. 즉, 인터넷에 올릴 거라고 협박하더라도 '곤란하네요' 등의 말로 대응하며 항복하는 척하면서 문제 해결을 연기하는 방식이다.

앞에서 언급한 '항복한 것처럼 말하기'에서 제안한 방식을 이용한다. '저 혼자서는 아무것도 할 수가 없다'는 사실을 전하고 재빨리 싸움이 벌어진 현장을 떠나는 것이다. 그럼에도 인터넷에 고객이 제기한 불만 사항이 유포되면 법적 수단도 고려하도록 한다.

이런 협박은 '곤란하다는 표현'으로 받아치면 된다

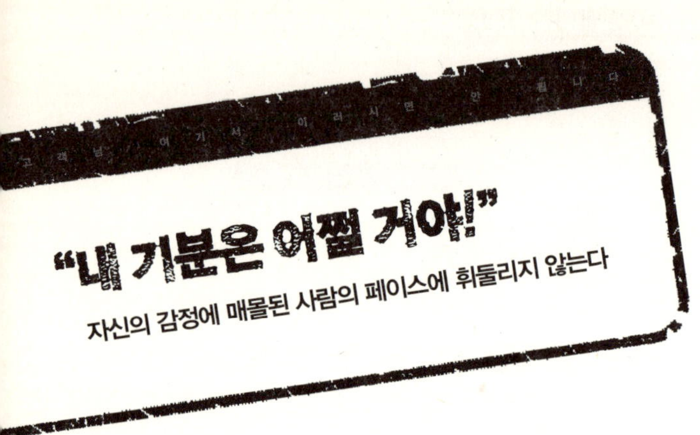

고객 입장 : 소중한 추억을 망쳐 버렸어!

"뭐하는 거야!"

세가와 요코가 목청을 높였다. 웨이터가 와인 잔을 실수로 쳐서 쓰러뜨린 것이다. 테이블보 한쪽이 옅은 붉은색으로 물들었다.

"죄송합니다."

웨이터는 진심으로 사과하며 쓰레받기와 수건을 가져왔다.

"음식은 괜찮으신지요? 곧 새 와인을 가져다 드리겠습니다."

정중한 대응이었다. 하지만 세가와는 화가 치밀어 올랐다.

"그런 건 상관없어요! 이 화집, 어떻게 하실 거예요!"

와인에 흠뻑 젖어 버린 화집을 가슴에 품고 세가와는 웨이터를 노려보았다.

'그 사람이 선물해 준 화집! 추억이 가득한데…….'

담당자 입장 : 무엇을 해 달라는지 잘 모르겠다

점장 세키네 타쿠야는 소란스러운 소리를 듣고 세가와가 앉은 테이블 쪽으로 급히 다가갔다. 혼자 식사하러 온 손님이었다.

"정말 죄송합니다."

최대한 정중한 말투로 사죄했지만, 세가와의 눈에는 눈물이 그렁그렁 맺혀 있었다. 세키네는 불길한 예감이 들었다.

"무척 귀중하게 여기시는 책이 더럽혀져서 죄송합니다. 곧 준비하여 가능한 한 빨리 고객님께 전달해 드리도록 하겠습니다."

세가와는 숙이고 있던 고개를 번쩍 쳐들었다.

"그런 게 가능할 리가 없잖아요! 이건 세상에 단 하나밖에 없는 귀중한 화집이라고요."

세키네는 이상하다고 생각하면서 세가와에게 물었다.

"이미 구할 수 없는 제품인가요? 서점에 주문해도 안 될까요?"

"서점에서는 당연히 팔고 있어요. 그래도 이 책은 그 사람에게 받은 선물이라고요!"

세키네는 어떻게 하면 좋을지 곰곰이 생각했다. 한편 세가와는 더욱 격분했다.

"이 책의 가치를 알아요? 변상할 생각이라면 얼마나 될지 말씀해 보시라고요."

세키네가 대답을 못하고 있자 세가와가 단언하듯 말했다.

"100만 엔이라도 부족해요. 그 사람이랑은 더 이상 만날 수 없으니까."

세키네는 입을 다문 채 다음 말을 기다렸다.

"오늘은 내 생일이에요. 혼자 있으면 외롭잖아요. 그래서……."

원망이 가득한 세가와의 눈빛에 세키네는 사면초가 상태였다.

'큰일이군. 술 취한 것 같지도 않은데, 무엇을 원하는 걸까?'

"고객님, 정말 죄송합니다. 고객님께 죄송한 마음을 저희가 어떻게 표현해 드리면 될까요?"

세키네는 용기를 내어 말했다. 세가와는 세키네의 질문에는 대답하지 않고 한숨을 내쉰 뒤 이야기를 시작했다.

"그 사람이랑은 유럽 여행도 함께 간 적이 있어요. 각국의 미술관을 돌아봤죠. 우린 학생 때부터 둘 다 미술부원이었어요."

세키네는 맞장구를 치면서 조용히 듣고만 있었다.

"이미 그림을 그리는 일은 그만두었지만, 지금은 화랑에서 일하고 있어요. 월급은 적어도 꽤나 즐거운 일이에요."

서서히 세가와의 기분이 좋아지고 있었다. 그러나 상대방의 신상에 대한 이야기를 한없이 들을 수만은 없었다.

"오늘은 큰 폐를 끼치게 되어 진심으로 사과드립니다. 죄송합니다만 동일한 화집을 주문해서 고객님께 보내 드리도록 하겠습니다. 괜찮으시다면 주소를 좀 알려 주시겠습니까?”

세가와는 세키네를 한번 보더니 날카로운 목소리로 말했다.

“지금 내 이야기를 안 듣고 있어요? 내 기분은 어떻게 할 거냔 말이에요!”

세키네는 동요하는 마음을 진정시키며 대답했다.

“그 문제에 관해서는 아무리 사과를 드려도 부족할 겁니다. 저희들로서는 어떻게 해 드릴 도리가 없습니다. 이번 일은 너그럽게 넘어가 주시면 안 될는지요?”

세가와는 잠시 동안 고개를 좌우로 저었다. 결국 내키지 않는 표정으로 펜과 종이를 손에 쥐었다.

“그럼 집으로 보내 주세요.”

| 대응 비법 |
실제로 일어난 '사실'에 주목한다

상대방의 감상적인
'심정'에 말려들어 가지 않는다.

상대방의
'속사정'에 깊이 관여하지 않는다.

질질 끄는
'신상 관련 이야기'를 계속 들어 주지 않는다.

고객이 제기한 불만의 실태를 파악하려고 상대방의 이야기를 끝까지 듣는 경우가 종종 있다. 그러다가 결국 상대방의 페이스에 말려들어 오히려 사태 해결을 망치곤 한다.

앞서 소개한 사례는 자신의 감정에 매몰된 사람이 불만을 제기한 상황이다. 악덕 소비자의 기분이나 감정에 너무 가까이 다가서면 제기된 불만의 해결에서 멀어진다. 고객이 불만을 제기하면 실제 발생한 '사실'에 주목하는 것이 중요하다. 그러기 위해서는 어느 정도 냉정하게 대응하는 것이 필요하다. 상대방이 울며 슬퍼하더라도 고객이 호소하는 '심정'에 끌려가지 않도록 해야 한다.

'꽤나 냉담하구나.'

상대방은 담당자의 태도를 이렇게 생각할지도 모른다. 또한 고객 만족이라는 관점에서 보면 '잘못된 대응'이라고 비난받을 수도 있다. 그러나 상대방의 심정을 배려하는 것을 넘어 그것에 휘둘려서는 안 된다.

앞서 소개한 사례는 '웨이터가 와인을 쏟아서 손님이 가지고 온 화집이 젖었다'라는 사실이 전부이다. 여성 손님이 눈물을 글썽글썽하더라도 우선은 한쪽으로 미뤄야 한다.

상대방의 개인적인 속사정에 너무 깊이 관여하지 않는 것도 중요한 포인트다. 악덕 소비자의 생활이나 가정 환경 등에 관해 세세한 이야기를 듣고 싶어 하는 사람도 있다. 그런 것들에 관심을 가지면 오히려 문제 해결을 복잡하게 만들 우려가 있다.

물론 악성 불만을 제기하는 악덕 소비자의 본성을 파헤치려면 그 사람의 개인 정보도 도움이 된다. 다만 그런 이야기를 들음으로써 상대방의 페이스에 말려들 위험성이 있다는 사실을 기억해 두길 바란다.

이번 사례에서 '더 이상 그 사람이랑은 만날 수 없으니까'라는 여성 고객의 말에 세키네가 아무 반응을 보이지 않은 것은 정확한 판단이었다. 중요한 점은 상대방의 신상에 관련한 이야기를 계속 들어 주는 상황은 피해야 한다는 것이다. 문제 해결에 초점을 맞춰야 할 상황에서 대화의 주제가 산만해져 수습이 어려워지기 때문이다.

이 여성 고객은 처음부터 악의가 있었다고는 볼 수 없다. 그렇다고 신상 관련 이야기를 계속 들어 주다 보면 이야기의 방향이 어떻게 될지 모른다. 고객은 점장에게 푸념을 늘어놓아 속이 시원해지겠지만, 갑자기 어느 순간이 되면 기분이 상해서 토라져 버리기도 한다. 그런 상황이 되면 문제 해결은커녕 이야기를 들어 준 시간만큼 손해를 본 셈이 된다.

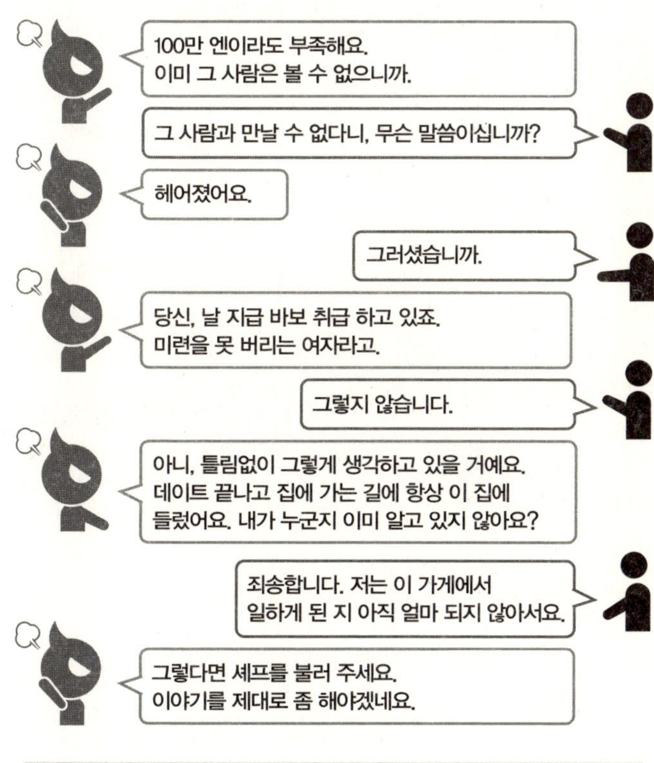

상대방에게 실제로 악의가 없더라도 페이스에 말려드는 상황은 피한다!

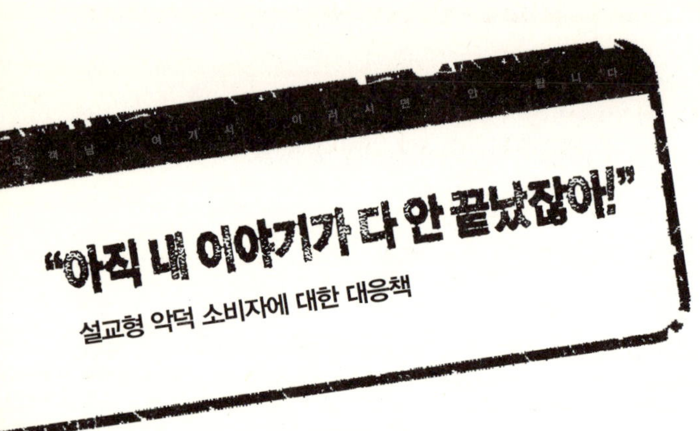

담당자 입장 : 진절머리 난다!

'또 저 할아버지잖아!'

식품 판매 주임으로 갓 승진한 소노다 다카유키는 한 남성 고객을 보고는 기운이 쑥 빠졌다.

'하필이면 이렇게 바쁜 때 오다니……'

그 남성은 사소한 일을 계기로 소노다와 친하게 대화를 나누는 사이가 되었다. 사실 소노다에게는 단지 '진절머리 나는 영감'일 뿐이었다.

"안녕하세요."

소노다는 다가온 남성에게 인사는 하지만 필요 이상의 말은 하지 않았다. 한편 남성은 활짝 웃었다.

"잘 지내시는가? 어제는 얼굴을 못 봤네."

요즘 들어 남성은 거의 매일 가게를 방문했다.

"네, 그럭저럭 잘 지냅니다."

소노다가 답변을 하는 중인데도 남성은 바로 옆의 상품 진열대로 시선을 보냈다.

"유제품 말인데, 눈에 확 띄는 제품이 없어. 조금 더 상품에 대해 고민을 해보는 게 어때?"

소노다는 '또야!'라는 생각이 들었다.

"치즈는 카망베르 종류를 늘렸습니다만."

"아니, 그런 얘기가 아니야. 유명 브랜드 위주로 가져다 놓는 편이 좋지 않겠어?"

소노다는 며칠 전 남성이 한 말을 떠올렸다.

'브랜드가 중요한 게 아니라 전문가의 눈썰미로 물건을 가져다 놓는 거라고 말한 사람은 도대체 누구였더라?'

소노다는 남성의 말에도 일리가 있다고 생각했지만, 매번 같은 훈계를 들어서 이미 진절머리가 난 상태였다. 지난번에는 '특별 세일 상품이 주목을 못 받고 있다', 그전에는 '매장 조명이 어둡다' 등 참으로 감사한 '지적질'이었다.

"브랜드 말씀입니까?"

소노다는 오늘도 적당히 말만 맞췄다. 남성은 의기양양하게 이야기를 계속했다.

"그래. 더욱 공부하는 게 좋을 걸세. 세계에는 여러 종류의 치즈가 있지. 예를 들면 이탈리아에는 갈바니라는 오래된 브랜드가 있는데……."

잠시 동안 소노다는 고개를 끄덕이며 남성의 이야기를 들었다. 이미 매장은 손님으로 만원인 상태였다.

"저, 지금 좀 바빠서요."

남성은 개의치 않고 하던 이야기를 계속했다.

"이 갈바니라는 브랜드는……."

소노다는 더 이상 참지 못하고 고객의 말을 끊었다.

"죄송합니다만 제가 맡은 일을 해야 해서요."

이렇게 말하고 소노다는 담당하고 있는 업무를 다시 하려고 했다. 그러자 남성이 큰 목소리로 고함을 질렀다.

"아직 내 이야기가 다 안 끝났잖아! 자네 업무는 고객을 상대하는 것일 텐데, 지금 뭐하는 짓이야!"

소노다는 분노로 가득 찬 남성의 눈빛을 보고 움찔하며 옮기려던 발걸음을 멈추었다.

고객 입장 : 일부러 친절하게 가르쳐 주는데 말이야!

소가 미츠오는 정년퇴직 후 연금을 받으며 유유자적한 생활을 보내는 중이었다. 그러면서도 마음 한구석이 어딘가 허전했다. 직장에 근무하던 시절에는 식품 유통 분야에서 유능함을 인정받는 사원이었다. 지금은 사회와의 연결 고리가 거의 사라져서 심심함을 느낄 정도로 한가로운 생활을 하고 있었다. 가족들에게도 '대용량 쓰레기' 취급을 받았다.

'누군가와 이야기를 나누고 싶다'는 절박한 심정으로 하루하루를 보내던 중 근처 슈퍼에서 일하는 젊은 종업원과 알고 지내게 되었다. 잘못된 와인 가격표를 슬쩍 알려 준 것이 계기였다.

"이런 고급 와인이 500엔밖에 안 할 리 없어요."

"그런가요! 얼른 확인해 보겠습니다. 감사합니다."

'소노다'라는 명찰을 단 종업원은 얼굴이 마주치면 항상 미소 띤 얼굴로 인사했다. 점점 소가는 슈퍼에 가는 것이 즐거워졌다. 그런데 왜 이런 일이?

'친절하게 말해 줬는데, 왜 나한테 그런 식으로 말하는 거야!'

소가는 자신의 감정을 조절할 수 없게 되었다.

| 대응 비법 |

고객 응대 시간이 길어지는 상황을 방지하는 3가지 방법

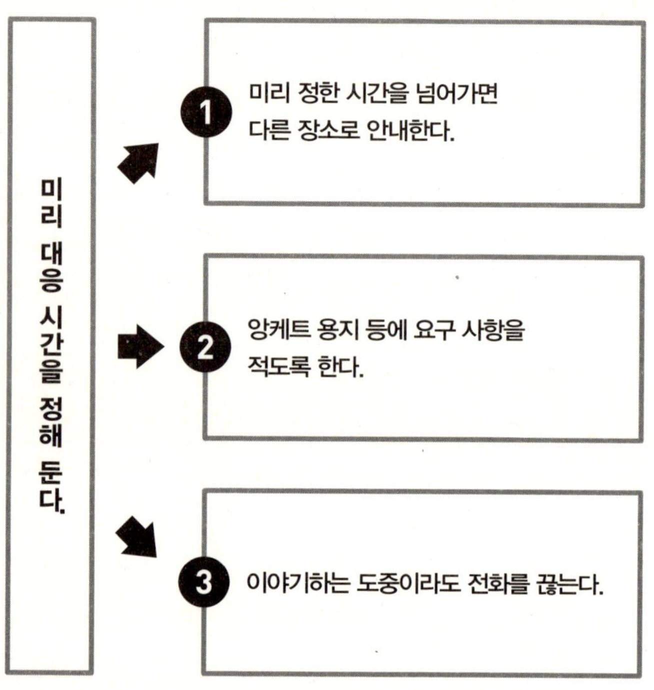

최근 '설교하는 악덕 소비자'가 주목을 받고 있다. 그중에는 직장 다니던 시절에 열심을 다해 일하며 활약했던 퇴직자들이 많다. 퇴직 후의 허전함을 달래기 위해 억지스러운 불만을 제기하는 경우가 급격히 느는 것이다.

이런 종류의 악덕 소비자는 상품이나 서비스에 대해 불평을 늘어놓거나 금품을 가로채려는 의도를 보이지 않는다. 단지 설교 자체가 목적으로, 내버려 두면 상대방을 놓아줄 기미가 보이지 않을 정도로 계속 이야기를 한다. 그들은 이야기를 하고 있는데 방해하면 쉽게 화를 낸다. 그렇다면 설교하는 악덕 소비자에게는 어떻게 대응하면 좋을까?

우선 미리 대응하는 시간을 정해 두는 것이 중요하다. 예를 들어 '고객이 불만을 제기한 장소에서의 대응은 5분 이내'라고 정해 놓았다면 다음과 같은 말로 다른 곳으로 안내하는 것도 하나의 방법이다.

"고객님, 죄송하지만 여기에서는 다른 고객분들께 폐를 끼칠 수 있습니다. 다른 장소로 이동해서 계속 말씀을 듣도록 하겠습니다."

이렇게 하면 적어도 현장에서 일어나는 혼란은 피하게 된다.

또는 앙케트 용지 등에 요구 사항을 기입하도록 하는 방법도 효과적이다. 즉, 다음처럼 제안하는 것도 가능하다.

"죄송하지만 지금은 시간이 부족합니다. 앙케트 용지에 고객님의 의견과 함께 연락처를 적어 주시면 후일 고객님께 연락해서 답변을 드리도록 하겠습니다."

앞서 소개한 사례에서는 이것이 최적의 방법이라고 할 것이다.

집요하게 물고 늘어지는 악덕 소비자가 전화를 걸어 긴 시간 통화를 하는 것도 고민스러운 문제이다. 그 경우에는 통화를 짧게 끝내는 것이 하나의 방법이다.

"정말 죄송하지만 지금 당장 결론을 말씀드리기 어렵습니다. 일단 전화를 끊도록 하겠습니다."

정중하면서도 명확하게 의사를 밝히고 전화를 끊는 것이다.

"아직 이야기가 끝난 게 아니야!"

다시 전화가 걸려 올 수도 있다. 그때는 단호하나 정중하게 반복하여 말하고 전화를 끊도록 한다.

"좀 전에 말씀드렸다시피 지금은 결론을 말씀드리기 어렵습니다."

아무리 호통을 쳐도 절대로 지치지 않을 듯한 악덕 소비자여도 2번, 3번 거듭해서 전화를 걸기란 나름대로 신경 쓰이는 일이다. 여러 번 다시 걸어야 하는 상황이 된다면 점차 전화를 걸어서 불만을 늘어놓을 의욕을 잃게 될 것이다.

사회에서 은퇴한 사람이 악덕 소비자가 되는 3가지 경우

사회의 치열한 경쟁에서 살아남은 퇴직자들의 일부가
악덕 소비자로 변해 버렸다!

세상을 바로잡을 기세

직장에 다니던 시절의 '영광'에 기대어 지금까지 익혀 온 교섭 기술
이나 지식을 구사하며 기업이나 점포의 '올바른 모습'에 대해 자신
의 논리를 늘어놓는다.

화풀이

일만 하던 기계였던 탓에 가정 안에서 고립된 상태이다. 외로움을
달래기 위해 직원들의 접객 태도 등을 트집 잡는다.

은둔형 외톨이

은퇴 후 생활 리듬이 망가져서 알코올 중독에 걸리거나, 제대로 집
을 치우지 않아 쓰레기 더미 속에서 생활한다. 만취한 상태로 불만
을 제기하는 등 일반적인 상식에서 벗어난 행동을 한다.

마음 깊은 곳에는 '고독감'과 '초조함'이 자리 잡고 있다.

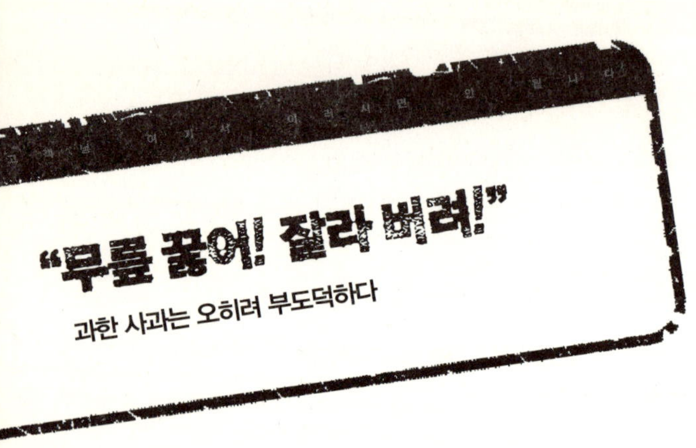

담당자 입장 : 참기 말고는 방법이 없을까?

갑자기 가게 안 전체에 화난 목소리가 쩌렁쩌렁 울렸다.

"뭐야, 그따위 태도는!"

30대로 생각되는 남성이 계산대의 여성 점원을 향해 고함을 쳤다.

소동을 듣고 달려온 점장 다나카 슈지는 남성 곁으로 다가가 사무실로 안내했다. 어쨌든 고객의 입장에 대해 이야기를 들어야 하기 때문이다. 남성은 격앙된 목소리로 마구 떠들어 댔다.

"거스름돈을 한 손으로 내 손바닥 위로 던졌다고. 그건 손님에게 실례잖아! 그 점을 지적했더니 '죄송해요'라고 말하고는 끝이야. 사과에 진심이 담겼다는 생각이 전혀 안 들어."

다나카는 남성에게 사과했다.

"대단히 실례했습니다. 불쾌한 경험을 하시게 되어 죄송합니다. 말씀하신 직원에게는 제가 잘 알아듣도록 말하고, 앞으로 엄격하게 지도하겠습니다."

접객 태도에 대한 불만은 고객의 감성에 크게 좌우된다. 이 시점에서는 사실 관계를 논의해도 별 의미가 없다. 다나카는 '사과하면 해결될 문제'로 만들고자 했다. 반면 남성은 용서해 줄 기미가 전혀 없어 보였다.

"그건 안 되겠는데. 그 여자를 여기 데리고 와서 제대로 사죄를 받아야겠어."

다나카는 어쩔 도리 없이 여성 점원을 사무실로 불렀다. 새파랗게 질린 점원은 계속 고개를 숙이며 연신 사과했지만 남성은 수그러들지 않았다.

"무릎 꿇어! 안 그러면 용서는 없어."

이번에는 점장인 다나카를 향해 말했다.

"이따위 점원은 잘라 버려! 가게 평판만 나빠지잖아."

여성 점원은 당장이라도 울음을 터뜨릴 표정이었다. 다나카는 점원을 감싸 주고 싶었으나, 반론을 제기하면 오히려 남성을 자극할 것이다. 그런 상황을 만들고 싶지는 않았다. 시선을 아래로 향한 채 남성이 내뱉는 욕설을 계속 들을 수밖에 없었다.

| 대응 비법 |
악덕 소비자의 '강요'는 단호히 거절한다

POINT 1

'사내 규정'으로 엄정하게 대처하고 있음을 전달한다.

"담당자에 대한 처분은 당사 규정에 따라 처리합니다."

POINT 2

'인권'을 보호한다는 의미에서 응하지 못함을 전달한다.

"인권 보호상 그런 요구는 응하기 어렵습니다."

POINT 3

상대방의 행동이 '위법'임을 전달한다.

"고객님의 말씀은 강요에 해당하여 저희들도
그냥 넘어갈 수 없습니다."

무릎 꿇기는 상대방에 대한 사죄가 아니다

'무릎 꿇어', '잘라 버려'도 악덕 소비자가 자주 입에 올리는 표현이다. 악덕 소비자의 입장에서 보면 상대방이 잘못을 확실히 인정하도록 만들면서 동시에 자신의 분노를 모두 쏟아 내는 상황이다. 그중에는 온갖 욕설을 퍼부으면서 대응하는 사람의 인내심이 바닥을 드러낼 때까지 기다리는, 산전수전 다 겪은 노련한 악덕 소비자도 있다.

상황에 관계없이 악덕 소비자가 직원에 대한 무리한 처벌을 요구하면 단호히 거절해야 한다. 사회 통념상 명백히 지나치기 때문이다. 달리 말해 무릎 꿇기는 꼭 상대방에게 사죄의 뜻을 나타내는 것이 아니다.

불상사를 일으킨 기업의 대표가 사죄하는 기자 회견에서 무릎을 꿇는 경우가 있다. 그것은 매스컴을 의식한 '제스처'일 뿐이지 않은가? 시청자 입장에서는 그런 모습을 보고 일상의 스트레스를 발산하기도 한다.

고객에게서 불만이 제기되었다고 해서 해당 종업원을 해고하는 것은 바람직하지 않다. 해고된 종업원은 먹고살기 위해 일했던 일터를 잃고 만다.

그렇다면 고객의 폭언에는 어떻게 대응해야 좋을까? 우선 상황을 어떻게 해결할지에 대해 진지한 말투로 이야기한다. 이번 사례에서처럼 부하의 접객 태도에 대한 고객 불만이라면 다음과 같이 말하도록 한다.

"사원 교육을 철저하게 하고, 해당 직원의 처분은 본사의 규정에 따라 시행하겠습니다."

그럼에도 상대방이 납득하지 않는다면 타인을 무릎 꿇게 하거나 해고하라고 강요하는 행위는 위법이라는 사실을 알려 준다.

"고객님께서는 직원의 무릎을 꿇려라, 잘라라 하고 말씀하시네요. 방금 말씀하신 내용은 강요에 해당하여 저희들도 그냥 넘어갈 수 없습니다.'

이처럼 단호하게 말하는 것이 가장 확실한 방법이다. 만일 기업 측에 과실이 있다 하더라도 담당자가 무릎을 꿇거나 종업원을 해고할 의무는 없다. 고객이 직원의 무릎을 꿇리라거나 해고하라고 강요한다면 '강요죄'에 해당한다.

무릎을 꿇으라고 강요하는 것은 범죄다

여성 고객(43세)이 삿포로 시내의 한 가게에서 구입한 상품이 불량품이라며, 점원을 무릎 꿇리고 자신의 집까지 직접 찾아와서 사죄하라고 요구했다. 그녀는 휴대 전화로 그 상황을 촬영하여 트위터에 올렸다. 홋카이도 경찰은 이 여성을 강요 혐의로 체포했다.

아이가 다니는 초등학교의 교사를 향해 학부모(41세)가 목발을 집어 던지고 무릎을 꿇으라고 강요했다. 시가 현 경찰은 상해와 강요 등의 혐의로 학부모를 체포했다.

> 악덕 소비자가 직원에게 무릎을 꿇고 사죄하라고 집요하게 요구한다면 경찰에게 고객의 강요 행위에 따른 피해 신고를 하는 것도 한 방법이다.

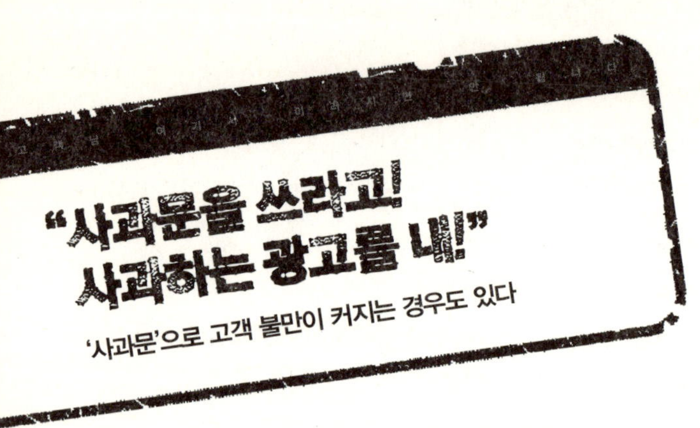

고객 입장 : 오로지 아내의 건강이 걱정이야!

치바 도시오는 일식 레스토랑에서 아내와 즐거운 저녁 시간을 보내는 중이었다.

"마실 거 좀 시킬까?"

치바는 아내에게 물었다.

"그러게요, 우롱차 한잔 마시고 싶네요."

아내는 찬물이 든 컵을 옆으로 치우며 말했다. 치바는 맥주를 한 잔 추가하면서 아내를 위해서 우롱차도 주문했다. 두 사람 앞에는 큰 접시에 담긴 요리가 놓여 있었지만, 임신 6개월인 아내는 음식을 잘 먹지 못했다.

치바는 아내를 다정하게 쳐다보았다.

"몸 상태는 어때?"

"괜찮아요."

두 사람이 다정하게 대화하는 동안 웨이터가 주문한 음료를 가져왔다. 아내는 컵에 입을 대자마자 음료수를 뱉었다.

"이게 뭐야? 우롱차가 아니잖아!"

치바는 아내가 들고 있던 컵을 건네받아서 한 모금 마셔 보았다.

"이건 우롱차에 술을 섞은 칵테일이잖아!"

치바는 당장 점장을 호출했다.

담당자 입장 : 왜 이렇게 되었지?

점장 치카다 테츠로는 두 사람에게 깊이 고개를 숙여 사죄했다.

"정말 죄송합니다."

치바는 얼굴이 빨갛게 상기된 채 사나운 말투로 말했다.

"내 아내는 지금 임신 중이라고. 술을 마시면 배 속의 아이에게 어떤 영향을 주는지, 당신이 알고 있어?"

'입에 잠깐 댔을 뿐이잖아. 너무 과하게 생각하는 거 아닌가.'

치카다는 이렇게 생각하며 사죄를 반복했다. 5분, 10분 시간은 계속 흘러가는데 치바의 화가 전혀 가라앉을 기미가 없었다.

"앞으로 태어날 우리 아기에게 장애라도 생기면 어쩔 거냐고!"

치카다는 혹시나 하는 마음에 옆에 앉은 치바의 부인을 애처로운 눈길로 쳐다봤다. 그녀는 아무 말이 없었다.

"죄송합니다. 그럼 어떻게 해 드리면 좋겠습니까?"

치바의 눈빛에 힘이 들어갔다.

"사과문을 써!"

치카다는 예전에 조직 폭력배 분위기가 나는 남성 고객에게 트집을 잡혀 똑같은 요구를 받은 경험이 있었다. 그때는 정말로 '큰일'이라는 느낌이 들어 항복한 것처럼 말하여 상대방의 요구를 적당히 무마시켰다. 지금 눈앞에 있는 고객은 그런 부류로는 안 보였다.

밤 9시가 지나면서 가게 안은 손님으로 북적거렸다. 치카다는 마음속으로 결정을 내리고 치바에게 말했다.

"어떤 내용으로 써 드리면 되겠습니까?"

치카다는 치바가 불러 주는 대로 펜으로 받아 적었다.

'오늘 고객님께서 우롱차를 주문하셨는데, 알코올이 섞인 우롱차 칵테일을 가져다 드렸습니다. 불편을 끼쳐 드려 정말 죄송합니다. 앞으로 같은 일이 발생하지 않도록 종업원을 철저히 지도하겠습니다. 부인의 건강 상태에는 성심껏 대응하도록 하겠습니다.'

치카다는 날짜를 적고 서명하여 치바에게 전달했다. '증거'로 주문 내역이 기록된 전표까지 내주었다. 치카다는 '어떻게든 해결된 거겠지'라고 생각하며 두 사람을 배웅하고는 놀란 가슴을 쓸어내렸다.

다음 날 저녁에 가게 전화가 울렸다. 치바에게 걸려 온 전화였다. 주저하면서 치카다가 전화를 받자 치바는 격한 말투로 몰아세우기 시작했다.

"사과문에는 '성심껏 대응하겠다'고 쓰여 있는데, 구체적으로 어떻게 할 생각이지? 아이에게 장애라도 있으면 어떻게 책임을 질 거야! 아이가 태어난 후에 돈으로 보상하겠다는 뜻인가?"

수화기를 쥔 치카다의 손이 떨렸다. 입에서는 아무 말도 나오지 않았다. 치바의 화난 목소리는 계속 이어졌다.

"이런 실수를 저질러 놓고 그냥 슬쩍 넘어갈 생각은 아니겠지. 당신네는 전국에 다 있는 체인점이지? 실수했다는 사실을 공표하고 사과 광고를 내라고!"

| 대응 비법 |

사과문을 쓰며 주의할 3가지

POINT 1

문제가 발생한 현장에서 곧바로 쓰지 않는다.
일단 문제를 검토하겠다고 말하며 시간을 번다.

POINT 2

변호사 등의 전문가에게 사전에 상담을 받는다.

POINT 3

합의서를 교환할 때는 영수증도 받아 둔다.

문서를 혼자 작성하는 것은 조심해야 한다

회사 측의 실수로 고객이 불만을 갖게 되어 화가 쉽게 진정되지 않으면 사과문을 써서 해결을 꾀하는 경우가 있다. 즉, 사과문이 고객에 대한 회사 측의 성의 표시가 되는 것이다. 하지만 안이하게 사과문을 쓰면 문제 해결을 복잡하게 만들기도 한다. 이번 사례에서 점장이 문제가 발생한 자리에서 고객에게 사과문을 써 준 행동은 잘못된 선택이다.

"지금은 말로 사과를 드릴 수밖에 없습니다. 사과문을 저 혼자만의 판단으로 써 드리기는 어렵습니다."

상대방이 누구든지 간에 문제가 발생한 자리에서 사과문을 작성하는 것은 일단 미뤄야 한다. 반드시 상사나 변호사 등 전문가와 상담하고 나서 서면을 작성해야 한다. 그렇게 하지 않으면 나중에 고객에게 트집을 잡힐 우려가 있다.

이번 사례에서 점장이 남성 고객에게 추궁당한 이유처럼 '성심껏 대응하겠다'라는 한마디는 치명적인 결과를 불러온다. 표현 자체에 문제가 있지는 않지만, 한편으로 사측이 고객에게 전면적인 보상을 약속한 것으로 해석되기 때문이다. 실제로 태아에게 미치는 영향은 매우 적더라도 '태아에게 알코올 후유증으로 인한 장애가 발생하면 의사의 진단서를 바탕으로 별도 협의한다'는 요지의 문항을 사과문에 함께 써야 했던 것이다.

만약 해당 고객이 정말 나쁜 사람이라면 사과문을 빌미로 다양한 방법을 이용하여 무리한 요구를 할 것이다. 예를 들어 사과문과 전표를 함께 촬영해서 인터넷에 유포하겠다고 협박할 수도 있다. 실제 이 정도의 실수로 '사과 광고를 내라!'는 요구는 이미 사회적인 상식을 벗어난 주장이다. 사과문을 요구하는 악덕 소비자에게는 여러 가지 목적이 있어 주의할 필요가 있다.

이처럼 사과문 작성은 고객이 제기한 불만을 해결한 것이라고는 하기 어렵다. 사과문으로 인해 고객이 가진 불만이 더욱 커지게 될 우려도 있다.

사과문뿐만 아니라 서로 합의하여 해결할 때는 합의서를 교환하게 된다. 그때는 반드시 영수증을 받거나 영수증을 겸한 합의서를 작성해야 한다. 또한 단서 조항에 '화해금 명목'이라고 명기하도록 한다. '위로금'이라는 애매한 표현을 사용하면 두 번째, 세 번째 '위로'를 요구할 수도 있어 결말이 나지 않는다.

▶ 말로 하는 사죄만으로는 화가 가라앉지 않는다.

원래 선량한 시민이라도 감정에 휩쓸리거나, 담당자가 불만이 제기된 초기에 대응을 제대로 하지 못하면 분노를 삭이지 못해 악덕 소비자가 되기도 한다. 많은 경우 사과문을 받으면 불만이 사라진다.

▶ 사과문을 모으는 것이 즐겁다.

울적함과 불만을 배출하는 방법으로 트집을 잡는 악덕 소비자가 이에 해당한다. '사과문 수집가'임을 자인하며, 비슷한 부류의 사람들과 '전리품'을 서로 자랑하는 소비자도 있다. 그들 중 많은 수가 금품 목적으로 불만을 제기하기도 한다.

▶ 사과문을 이용하여 금품을 가로챈다.

사과문에 쓰인 내용을 확대 해석하여 이후의 교섭을 유리하게 끌고 가려는, 전문 사기꾼 수준의 악질적인 악덕 소비자이다. 문서를 작성해 줄 때 가장 주의해야 할 상대이다.

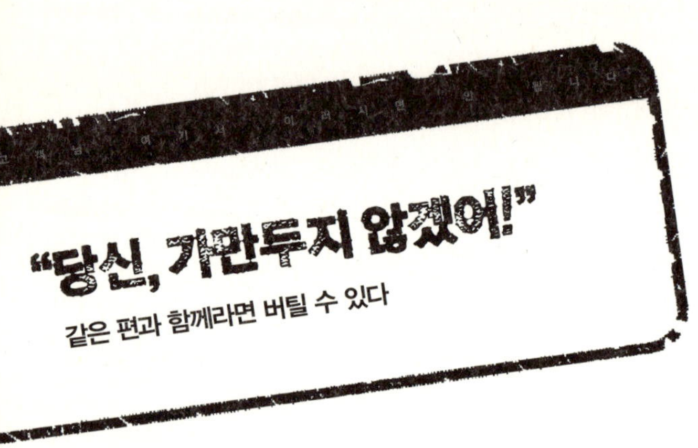

고객 입장 : 우리 회장님을 화나게 하다니!

금융 회사에 근무하는 츠가와 료스케는 비서로서 항상 회장님과 같이 움직인다. 20대 후반이지만 험악한 인상으로 다른 사람들에게 위압감을 준다. 회장은 그런 츠가와를 애지중지하고 있다.

두 사람은 시내 영업소를 순회하는 도중 원예용품을 사기 위해 잠깐 종합 생활용품 센터에 들렀다. 회장은 완력으로 남에게 지지 않는다고 알려져 있지만, 사실 터프한 겉모습과는 달리 원예를 취미 생활로 즐겼다.

회장은 기분 좋게 웃는 얼굴로 가게 안을 둘러보았다. 바로 그

순간 사고가 났다. 발이 미끄러져 회장이 바닥에 넘어지고 말았다.

"회장님, 괜찮으십니까?"

츠가와는 회장을 부축해서 일으켰다.

"뭐야! 왜 이런 곳에 물이 고여 있어!"

회장은 내뱉듯 말했다. 점잖은 노신사라고 하기에는 어려울 정도로 거친 말투였다. 츠가와는 달려오는 점원을 날카롭게 쏘아보았다.

'회장님께 창피를 주다니……. 이런 문제의 뒤처리를 제대로 하는 것이 나의 본분이지.'

담당자 입장 : 꽤 위험한 상대구나

"다치신 곳은 없으십니까?"

주임인 츠카다 고로는 넘어졌던 노인에게 말을 걸었다. 노인은 입을 꾹 다물고는 아무 말이 없었다. 옆에 있던 츠가와가 대신 대답했다.

"당연히 있겠지!"

츠카다는 츠가와의 고함 소리에 당황했다.

'도대체 뭐하는 사람이지?'

츠카다가 보기에 노인이 다친 것 같지는 않았다. 그래도 이런 상황에서의 고객 대응은 신중해야 했다.

"정말 죄송합니다. 구급차를 불러 드릴까요?"

이때 노인이 입을 열었다.

"그럴 필요는 없어. 단, 좀 생각해 줘야겠는걸. 이런 곳에 물이 고여 있으면 지나가다 넘어지는 건 당연하지 않겠어? 이런 늙은이는 크게 다쳐서 드러눕게 될지도 몰라."

츠카다가 근무하는 종합 생활용품 센터는 점포 내 청소를 철저히 한다는 원칙이 있었다. 조금이라도 바닥이 더러워지면 일일이 대걸레로 청소를 하도록 정해 놓았다. 회장은 청소하고 나서 물기가 남아 있는 바닥에 미끄러져서 넘어진 것이다.

고령인 회장의 말을 들으면 그 심정이 이해가 되지만, '크게 다친다'거나 '드러눕다'는 말은 과장이었다. 회장은 나이에 비해 아주 건강해 보였다.

사죄의 말만 되풀이하는 츠카다에게 츠가와가 다그치듯 말했다.

"물론 치료비는 내놓아야겠지. 옷값도 변상하라고."

츠카다는 상대방의 일방적인 요구에 쉽사리 그러겠다고 대답할 수 없었다.

"죄송합니다만 치료비는 의사의 진단서를 가져오시면 지급해 드리도록 하겠습니다. 입고 계신 의복은 곧바로 세탁해서 가져다 드리겠습니다."

츠가와가 목소리를 높였다.

"장난치는 거야, 지금! 멀쩡한 사람을 다치게 만들어 놓고 진단서라니? 회장님께 무슨 일이라도 생겨 봐. 당신, 가만두지 않겠어."

엄포를 남기고 두 사람은 돌아갔다. 그렇다고 일이 모두 해결된 것은 아니었다. 며칠 후 츠가와가 다시 가게를 찾아왔다.

"그 일, 어떻게 됐어?"

츠가와는 츠카다를 쏘아보면서 물었다. 츠카다는 다시 한 번 츠가와를 찬찬히 살펴보았다. 옷차림은 말쑥해도 심상치 않은 분위기를 풍겼다. 츠가와의 마지막 말이 머릿속을 스쳤다.

'당신, 가만두지 않겠어.'

츠카다는 '경계'하는 자세로 응대해야겠다고 생각했다. 부하 직원을 한 사람 동반하여 츠가와를 접대실로 안내했다.

"오늘은 일부러 저희 가게를 찾아 주셔서 감사합니다."

츠카다는 정중히 인사를 건넸다. 츠가와는 소파에 털썩 주저앉은 채 아무 대답도 하지 않았다. 츠카다는 심장 박동이 빨라졌다. 츠가와가 천천히 입을 열었다.

"그날 이후로 회장님의 건강 상태가 별로 안 좋아. 이 사태를 어떻게 책임질 생각이지?"

츠카다는 '역시 이렇게 나오는구나'라고 생각하면서 함께 있는 부하 직원에게 눈짓으로 지시했다. 두 사람은 앞으로 한바탕 벌어질 전쟁에 참가하는 군인의 마음가짐으로 츠가와에 대항할 자세를 취했다.

| 대응 비법 |

악질적인 악덕 소비자에게는 반드시 여러 명이 함께 대응한다

POINT 1

동료가 옆에 있다는 사실만으로도
마음이 든든하다.

POINT 2

동료가 상대방과 나눈 대화의 '증인'이 되어 준다.

POINT 3

'듣는 역할'과 '기록하는 역할'로
역할을 분담할 수 있다.

상대방의 언행을 확실히 기록한다

이번 사례는 뒷골목 세계와 관련이 있을 듯한 악질적인 악덕 소비자와의 공방을 소개한 내용이다. 전반전까지만 소개했지만, 이후에는 험난한 국면이 기다리고 있음을 상상하기 어렵지 않다.

결론부터 이야기하자면 츠카다는 상대방에게 공갈과 협박을 당하면서도 끝까지 버텨 내었다. 그 결과 아무 일도 없었던 쪽으로 합의하는 결말이 났다. 어떻게 그처럼 힘든 상대를 물리칠 수 있었을까? 가장 중요한 점은 주임과 부하 직원이 한 팀이 되어 악덕 소비자에게 대항했다는 사실이다.

접대실에서 대화를 나누며 악덕 소비자가 위압적인 시선으로 주임에게 위협을 가했지만, 부하 직원이 곁에 있어 준 덕분에 냉정함을 유지하였다. 만약 악덕 소비자가 주임에게 위해를 가하려고 했다면 부하 직원이 경찰에 신고하여 당시 상황을 증언할 것이다.

주임과 부하 직원이 역할을 분담하기도 했다. 이번 사례에서는 주임이 '듣는 역할'을, 부하 직원이 '기록하는 역할'을 맡았다. 부하 직원은 메모 용지와 소형 녹음기를 준비해서 가지고 들어갔다. 불만에 대응하는 과정에서는 고객과의 대화를 기록해 두는 것 자체도 중요하지만, 대화를 기록한다는 사실을 알려 악덕 소비자에게 무언의 압력을 가하는 효과도 기대할 수 있다.

이번 사례에서도 협박이 있었다.

"위자료를 내놓으라고! 그렇지 않으면 가만히 있지 않겠어."

"지금 뭐라고 하셨습니까?"

주임이 협박하는 말을 확인하듯 되물어 보자 상대방은 입을
다물었다.

"죽여 버리겠어."

순간 험한 말이 나오면 주임은 시간을 확인하며 부하 직원을
슬쩍 쳐다보았다.

"무서운 말씀을 하시는군요. 11시 50분."

이로써 상대방은 한순간에 전의를 잃게 되었다.

대화를 녹음하는 일에 관해서는 종종 '허락 없이 녹음해도 되
는가?'라는 질문을 받는다. 개인 정보 보호 때문인데 걱정할 필
요 없다.

"중요한 사안이라 대화를 녹음해서 기록으로 남기겠습니다."

이처럼 단호하게 말하고 녹음을 시작하면 된다. 반드시 상대방
의 양해를 구할 필요는 없다. 본인과의 대화를 '몰래' 녹음하는 것
도 위법은 아니지만, 상대방의 폭력적인 언행을 자제시키는 기능
을 하는가 생각한다면 큰 이익은 없다.

왜 '기록과 녹음'이 필요한가?

1 '말했다', '안 했다'라며 자신에게 유리한 쪽으로 몰고 가려는 상대를 저지할 수 있다.

고객 불만이 정당한 요구인 경우를 포함하여 쓸데없는 트러블을 피하기 위해서라도 기록은 필요하다.

---

2 악덕 소비자가 협박하는 말을 하는 것을 막는다.

악성 불만을 제기하는 악덕 소비자는 자신의 말이 녹음되어 경찰에 넘어가는 상황을 원하지 않는다.

---

3 악덕 소비자에게 말꼬리를 잡힐 위험이 줄어든다.

대화를 녹음하면 단어 선택을 신중히 하게 된다.

---

4 피해 신고를 하거나 재판 과정에서 '증거'가 된다.

기록은 범죄를 입증하는 데 있어 중요하다. 몰래 한 녹음은 증거로 인정하지 않는 판사도 있지만, 상대에게 알린 녹음은 인정해 주는 편이다.

---

5 고객이 제기한 불만의 내용을 회사 안에서 공유할 수 있다.

녹음이나 필기한 메모를 바탕으로 고객 불만의 내용과 대응 과정을 정리하여 각 부서에 배포한다.

동료와 팀을 꾸려 조직으로 대응하는 상황을 만든다

주임에게는 그 자리에 함께한 부하 직원이 '파트너'라고 해도 무방하다. 한 팀을 이루는 파트너에 대해 좀 더 생각해 보자.

일본어로 파트너라는 말인 상봉相棒은 에도江戸 시대에 가마를 함께 메는 짝을 가리키는 말에서 유래했다고 한다. 가마를 멘 두 사람의 호흡이 잘 맞으면 가마에 탄 고객이 만족스러워했을 것이다. 만약 불량한 손님을 태우게 되면 두 사람이 협력해서 무임승차 등의 횡포를 이겨 냈을 것이다. 직장 동료에 대해서도 똑같이 적용할 수 있지 않을까? '고객 만족'뿐만 아니라 '위기관리' 상황에서도 동료와 힘을 합치는 것은 중요하다.

물론 담당자와 파트너, 단 두 사람만으로는 해결하기 어려운 불만도 존재한다. 제4장에서는 파트너와 연대하여 조직 단위로 문제 해결에 임할 때는 어떤 점에 주의해야 하는가를 중점적으로 살펴보도록 하겠다.

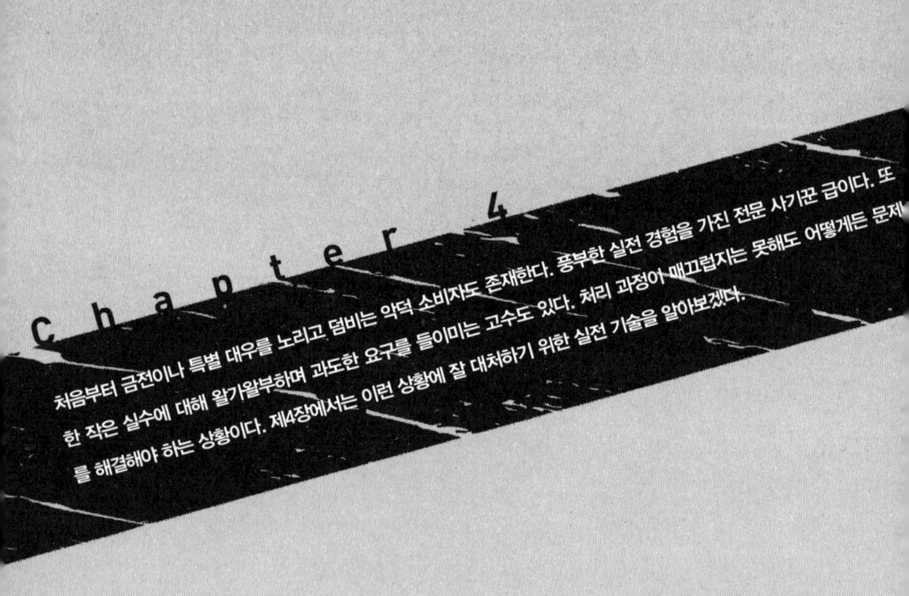
chapter 4
처음부터 금전이나 특별 대우를 노리고 덤비는 악덕 소비자도 존재한다. 풍부한 실전 경험을 가진 전문 사기꾼 급이다. 또한 작은 실수에 대해 왈가왈부하며 과도한 요구를 들이미는 고수도 있다. 처리 과정이 매끄럽지는 못해도 어떻게든 문제를 해결해야 하는 상황이다. 제4장에서는 이런 상황에 잘 대처하기 위한 실전 기술을 알아보겠다.

사기성 짙은 진상 고객은
조작을 꾸며 물리친다

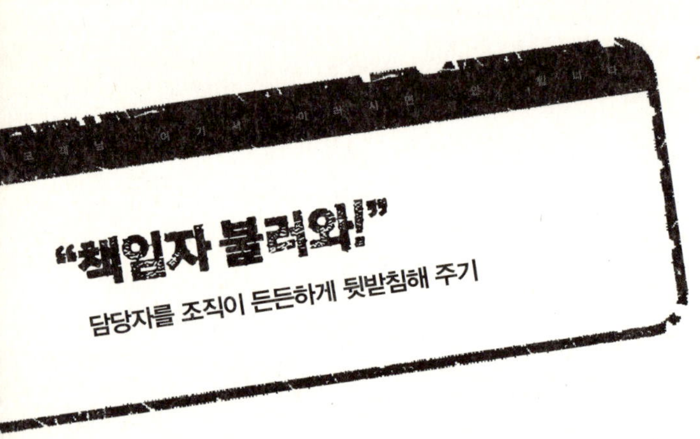

담당자 입장 : 이제 좀 적당히 하세요!

'언제까지 이러고 있어야 하지?'

건설 회사에 다니는 하시모토 다쿠야는 악덕 소비자의 집요한 괴롭힘으로 노이로제에 걸리기 직전이었다. 모든 일의 시작은 1년 반 전으로 거슬러 올라간다.

당시 건설하는 아파트로 인해 지반 진동이 발생할 것이라는 예상을 바탕으로 회사는 공사 설명회를 여는 등 근처 주민들의 보상 문제에 대비하였다. 하시모토는 주임으로 근무하면서 회사와 근처 주민 간의 절충안을 조정하는 업무를 담당하였다.

공사가 끝나고 며칠 뒤 한 통의 전화가 걸려 왔다. 신축 아파트 근처에 거주하는 주민이었다.

"내가 없는 사이에 멋대로 집에 들어와 놓고는 '보상 불가능' 판정을 내려? 도대체 무슨 생각인 거야!"

전화를 건 남성은 험악한 말투로 속사포처럼 말을 내뱉었다. 외출 중이었던 하시모토 대신 전화를 받은 과장은 구체적인 사정을 잘 모르는 상태였다. 하시모토에게서 특별히 이 사안에 대한 세세한 보고를 받은 바가 없었다. 과장은 자신의 부하가 무례하게 자택을 방문한 일을 사과하는 수밖에 없었다.

회사로 돌아온 하시모토는 과장의 안색을 살피며 사건에 대한 경위를 보고했다.

"전화를 건 주민의 현관문이 잘 여닫히지 않는다는 보고가 들어와서 어제 댁을 직접 방문했습니다. 아파트를 건설하다 발생한 지반 진동으로 인해 현관 앞의 콘크리트에 균열이 생겼다고 합니다. 현관 앞에 생긴 균열을 보수하는 비용은 저희 회사가 보상하겠지만, 창호에 대한 보상은 불가능하다고 전했습니다. 제가 방문했을 때는 남편분이 부재중이어서 부인께 말씀드렸습니다. 부인은 '남편에게도 전하겠다'고 온화하게 대답하셨습니다."

사전 조사와 사후 조사 결과를 바탕으로 창호의 고장은 아파트 건설 공사와는 관계가 없다고 이미 판명이 내려진 상태였다. 하시모토는 당연한 사실을 가감 없이 잘 전했다고 생각했다. 사실 조금 걱정되는 부분도 있었다. 현관에서 바라보이는 거실의 모습이 평범하지 않았던 것이다. 마치 쓰레기장 같았다.

결과적으로 하시모토는 사죄와 자세한 사정 설명을 위해 항의 전화를 건 집을 다시 방문했다. 남편은 하시모토의 상상 이상으로 완고한 사람이었다.

"당신 상대로는 이야기가 안 돼. 책임자 불러와! 사장이 직접 사죄해! 넌 꺼져!"

도망치듯 회사로 돌아온 하시모토는 과장이 적절한 지시를 내려 주기를 바랐다. 안타깝게도 과장은 '네가 알아서 하라'고 할 뿐 도움이 되는 말은 전혀 해주지 않았다. 결국 담당 임원의 지시에 따라 사장 명의로 사과문을 보내기로 했다. 어쨌든 회사로서는 원만하게 일을 마무리 짓고 싶다는 뜻이었다. 하시모토 입장에서는 마음이 매우 불편했다.

일주일 후 불만을 제기한 집주인이 회사까지 찾아왔다. 하시모토는 재차 창호의 고장은 공사 이전에 이미 발생한 일이었음을 설명하며 양해를 구했다. 상대는 한 발도 물러서지 않았다.

"이제 사죄했으니 제대로 보상을 하라구."

사과문을 보낸 것이 상황을 좋게 하기는커녕 오히려 사태를 악화시키고 말았다.

그 이후로도 사장을 수취인으로 하는 편지와 메일을 포함해 각종 수단을 동원해서 동일 인물로부터 불만 신고가 들어왔다. 그럴 때마다 하시모토는 상사에게 꾸지람을 들었다.

"아직도 해결 못 한 거야!"

동료들도 하시모토에게 이런 상황이 불편하다는 시선을 보냈다. 남성은 하루에도 수십 번이나 전화를 걸어 하시모토를 괴롭혔고, 접대실에 몇 시간이나 눌어붙어서 마음을 불편하게 했다. 엎친 데 덮친 격으로 하시모토에게 상담을 해주기는커녕 동정해 주는 사람도 없었다. 1년 동안 상황에는 변화가 없었다. 하시모토는 정신적으로 너무 시달린 나머지 부서 이동 신청까지 해야 했다.

반 년 후 이동한 부서로 내선 전화가 걸려왔다.

"당신 앞으로 불만 사항이 들어왔어요. 창호 고장을 보상하라는."

수화기를 손에 든 하시모토는 아무 말도 할 수 없었다.

고객 입장 : 그렇게 쉽게 물러설 수는 없지!

환갑이 지난 나가세가와 유이치는 근무하던 회사가 수년 전에 도산한 이후 제대로 된 직장에서 일하지 못했다. 병약한 아내는 최근 몇 년 동안 집에서 요양 생활을 했다. 부부는 얼마 남지 않은 저금을 조금씩 쓰면서 겨우겨우 생활을 이어 가고 있었다. 나가세가와는 그런 현실을 정면으로 헤쳐 나가기가 너무 힘들었다. 자신이 한심스럽다는 생각이 들어도 어쩔 수 없었다.

'그 회사는 아파트 팔아서 돈 많이 벌 거 아냐! 그러니까 내가 조금 받아 내도 괜찮겠지.'

말로 표현 못 할 불안과 질투로 뒤틀린 나가세가와의 심보가 건설 회사에 불만을 제기하게 된 것이다.

| 대응 비법 |

럭비 경기를 하듯 촘촘한 조직으로 악덕 소비자를 밀어내기

담당자가 책임지고 대응한다.

선두에 선 선수가 태클을 걸면서 상대편 진지의 골을 향해 달린다.

파트너와 2인조 팀으로 대응한다.

선두에 선 선수가 쓰러질 상황에서는 팀원이 재빨리 패스를 받는다.

회사 전체가 하나가 되어 조직적으로 대응한다.

팀원끼리 촘촘한 조직을 짜서 상황에 함께 대처한다.

제1장에서 언급했듯이 악질적인 악덕 소비자를 상대할 때는 차분한 태도와 끈기 있는 자세를 유지해야 한다. 그러나 이번 사례처럼 조직이 충분히 뒷받침해 주지 않아서 담당자가 제대로 대처하지 못하는 일이 매우 많이 발생한다.

아무리 집요한 악덕 소비자더라도 상대방을 무기한 계속 괴롭힐 수는 없다. 오히려 금품을 목적으로 하는 전문 사기꾼 수준의 악덕 소비자는 상대방이 교섭에 응하지 않는다고 판단되면 잽싸게 철수해 버린다. 교섭 시간이 길어질수록 경찰에 신고당할 위험이 높아지기 때문이다.

이번 사례는 담당자에게 큰 과실은 없지만 강렬한 불평불만을 가진 악덕 소비자가 계속 회사에 항의를 제기하는 상황이다. '아마추어는 그만둬야 할 상황을 구분하지 못한다'는 말은 고객 불만에 대응하는 상황에서도 똑같이 적용된다.

이런 상황에서 회사가 대응 담당자를 고립시키는 대처는 위험하다. 즉, 불만 대응에 실패한 전형적인 사례로 볼 수 있다. 악덕 소비자가 책임자를 불러오라고 요구하자 사장 명의로 된 사과문으로 사태를 수습하려고 한 시도는 너무나도 안이한 생각이었다. 그전에 고객 불만의 내용에 대한 실태를 파악해야 했다. 상사는 담당자에게 책임을 미뤘을 뿐 아무런 대처도 하지 않았다. 이후로도 상사나 동료의 도움이나 지지 없이 담당자는 혼자서 고민을 계속하게 된 것이다.

그렇다면 어떻게 고객 불만에 대응했어야 할까? 간단히 답을 말하자면 개인과 조직을 유기적으로 연결하는 방식으로 대처했어야 한다는 것이다. 이미 말한 대로 '럭비형' 조직을 세운다는 목표를 잡아야 한다.

개인은 자신의 책임을 자각하고 악덕 소비자와 대치한다. 그럼에도 상황이 나아지지 않으면 직장 동료나 회사 전체가 담당자 개인을 뒤에서 지지해 줘야 한다. 악덕 소비자가 '책임자 데리고 와'라고 말한다고 해서 곧장 상사를 내보내야 하는 것도 아니고, 언제까지나 담당자 혼자서 일을 감당하도록 내버려 둬서도 안 된다.

과연 현실은 어떠한가? 당신의 직장은 다음 페이지의 그림과 같은 조직으로 되어 있는가? 다음 페이지의 내용을 참고로 당신이 다니는 직장의 실태를 점검해 보면 의외로 조직의 약점을 찾아낼지도 모른다.

▶ 무사안일주의

악덕 소비자를 대하면 '빨리 끝내 버리고 싶다'는 심리가 작동하여 안이하게 사안을 해결하려고 한다. 금전 제공이나 특별 대우를 약속하면 '악덕 소비자 동지'들 사이에 그 회사는 만만하다는 소문이 퍼진다. 향후 지속적으로 악덕 소비자의 표적이 될 우려가 있다. 이런 조직 풍토는 직원들의 의식 속에 뿌리내려 직장 내에서 '책임 전가', '위임' 등의 악습이 널리 퍼지게 된다.

▶ 숨 막히게 하는 관리주의

고객 불만 대응에서는 나쁜 소식을 먼저 보고하는 원칙이 중요한데, 인사 평가를 너무 신경 쓴 나머지 나쁜 소식을 담당자가 혼자 떠안는다. 또한 개인의 특성을 발휘할 기회가 없어 '무사안일주의'로 연결될 가능성이 높다.

▶ 끼리끼리 모이기

조직 구성원끼리 과도하게 친하게 지내다 보면 오히려 조직원의 사기를 저하시킨다. 악질적인 악덕 소비자는 그런 '허약한 먹이'를 놓치지 않는다. 팀워크의 중요성을 제대로 이해하고 있다면 조직 내부에서 벌이는 적절한 경쟁이 나쁘지 않다는 사실을 알고 있을 것이다.

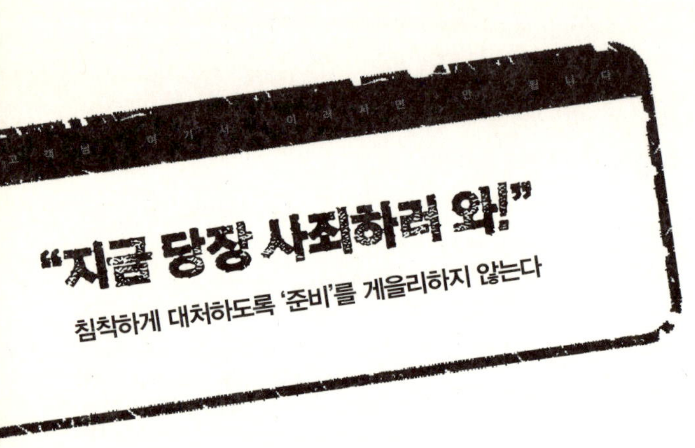

담당자 입장 : 드디어 일이 터졌나!

교외에서 슈퍼마켓의 점장으로 일하는 히로타 아키오는 파트타임으로 일하는 여성 종업원에게서 수화기를 받아 들었다. 그녀는 전화에 대고 횡설수설하고 있었다.

"아, 점장이신가? 정말 곤란하다고, 이런 상황은!"

히로타는 여성 종업원이 전화기에 대고 이야기하는 모양새를 보고 이미 눈치를 채고 있었다. 상대방이 현재 종업원들 사이에서 화제가 되고 있는 험악한 인상의 남성이라는 사실을 말이다. 냉방이 잘되는 실내인데도 히로타의 손바닥에는 땀이 났다.

"불편을 끼쳐 드려 죄송합니다. 어떤 용건으로 전화 주신 겁
니까?"

일단 히로타는 정중하게 사과했다. 그러자 상대방은 마구잡이
로 따지고 들어왔다.

"그쪽 가게에서 산 반찬에 플라스틱 조각이 섞여 있었다고. 이
런 걸 먹으라고 파는 거야! 반찬은 어디서 납품받아? 그래 놓고
도 뭐가 그리운 엄마의 손맛이야? 매장에 진열하기 전에 확인 안
해? 위생 관리하는 책임자가 누구야?"

"정말로 죄송합니다. 곧 새 상품과 교환해 드리도록 하겠습니
다."

히로타는 남자의 질문에 일일이 대답하는 것은 피했다. 여기서
입씨름해 봤자 소용없기 때문이다. 우선은 상대방이 어떻게 나오
는지를 살피며 말을 아꼈다.

"교환? 바보야? 절반 정도 먹다가 갑자기 플라스틱 조각이 나
왔다고. 밥맛 떨어져서 남은 건 몽땅 쓰레기통에 넣어 버렸고."

남자는 잠시 뜸을 들이다 히로타에게 명령조로 말했다.

"지금 당장 사죄하러 와!"

고객 입장 : 조금만 겁주면 간단히 한몫 뜯어내겠지!

히라오카 켄키치는 팔뚝에 새긴 문신을 겉옷으로 가리고 히로
타가 자기 집으로 찾아오기를 기다렸다. 이전부터 한몫 뜯어내

려고 노리던 슈퍼였다. 이번 기회에 '불편을 겪은 보상'을 제대로 받아 낼 계획이었다.

'점장이라고 해봤자 아직 풋내기야. 5, 6만 엔 정도 뜯어내기는 누워서 떡 먹기겠군.'

히라오카는 예전에 조직 폭력단에서 일했으나 지금은 손을 씻은 상태였다. 온몸에 어지럽게 그려 넣은 문신으로 상대방을 협박하여 원하는 바를 빼앗는 시대는 이미 지났다.

"좋은 먹잇감을 찾았군."

히라오카는 조직 폭력단에서 일하며 갈고 닦은 솜씨로 점장을 협박할 생각이었다.

담당자 입장 : 침착하게 하자

히로타는 매장 담당자와 함께 히라오카의 집을 방문했다. 인터폰을 누르기 전에 호흡을 가다듬으며 '으쌰!' 하고 기합을 넣었다.

겉보기에는 매우 평범한 아파트였다. 거실에 들어서자 탁자 위에 놓인 과도가 눈에 띄었다. 히로타와 매장 담당자는 무심코 서로 얼굴을 쳐다보았다. 히라오카는 그 모습을 보고 소리 없이 웃었다.

"일부러 여기까지 오게 해서 미안하게 됐군."

히라오카는 웃음을 지어 보였다. 그것이 적당히 둘러대는 웃음일 뿐임을 히로타도 잘 알고 있었다. 과도 옆에는 사과가 놓여 있었다. 공갈 협박으로 보이지 않기 위한 눈속임이다.

'상당한 책략가구나. 잡담은 하지 않는 편이 좋겠다. 괜히 말꼬리 잡혀서 나중에 트집이라도 부리면 대책이 없어.'

히로타는 인사를 서둘러 마치고 곧 본론으로 들어갔다. 작은 봉투와 포장된 물품을 히라오카에게 내밀며 말했다.

"고객님께 불편을 끼쳐 드렸습니다. 우선 대금을 돌려 드리겠습니다. 지금 막 조리한 반찬도 함께 가지고 왔는데, 괜찮으시다면 드셔 보십시오."

히라오카는 포장해 온 반찬에는 눈길도 주지 않은 채 봉투 속을 확인했다.

"이게 뭐야! 고작 880엔과 500엔짜리 상품권? 이걸로 지금 사죄하겠다는 거야?"

히라오카의 얼굴이 점점 붉어졌다. 히로타는 가능한 한 냉정하게 말을 이었다.

"저희로서는 성의를 다해 사죄드리는 바입니다."

"뭐라고 씨부렁대는 거야!"

히라오카가 고함을 쳤다. 히로타는 등줄기를 따라 흘러내리는 식은땀을 느꼈지만, 애써 평정을 지키도록 노력했다.

| 대응 비법 |
마음의 준비를 한다

최악의 상황을 상정한다.

➡ 각오를 다질 수 있다.

호흡을 고른다.

➡ 의식이 내면을 향하게 되어 '기'가 충만해진다.

발가락을 스트레칭한다.

➡ 몸을 움직임으로써 기분을 진정시킨다.

악질적인 악덕 소비자에게는 침착히 대응한다. 반론을 제기할 사람은 없을 것이다. 다만 책의 도입부에서 말한 대로 고객 불만에 대처하는 현장에서 침착한 태도를 유지하기란 쉽지 않다.

"지금 당장 사죄하러 와!"

갑작스런 호통 소리에 대부분의 담당자들은 기가 죽어 버린다. 그렇다면 이런 상황에서는 어떻게 대응하면 좋을까? 이번 사례는 악덕 소비자에게 대응하는 담당자가 침착한 태도를 유지함으로써 궁지를 탈출한 성공적인 사례이다. 점장의 말 안에는 '침착하게 행동하기 위한 힌트'가 여러 개 숨어 있다.

우선 점장은 악덕 소비자와 대면하기 전에 마음속으로 각오를 다졌다. 악덕 소비자가 매장 내에서 입방아에 올랐던 점은 점장에게 행운이었다. 사전에 '다루기 힘든 상대'라는 사실을 알게 되었기 때문이다.

최악의 상황을 상정하기는 위기관리의 기본이다. 다양한 위험 요소를 고려하여 상황 예측이 가능하며, 자신의 각오도 다질 수 있다. 평소 위기의식을 가지도록 신경 쓰는 것이 좋다.

또한 악덕 소비자의 집을 방문한 점장이 호흡을 정돈하고 악덕 소비자를 대면한 것은 중요한 포인트이다. 언뜻 보기엔 별것 아닌 행위 같아도 다루기 힘든 상대와 마주해야 할 상황에서는 반드시 필요한 방법이다.

경찰학교에 다닐 때 나는 범죄 현장에서 패닉 상태에 빠지지 않기 위한 방법으로 '단전 호흡법'을 배웠다. 고객 불만에 대응하는 상황에서도 큰 도움이 된다.

각오를 다지는 준비를 위해서는 요인 경호를 담당하는 SP security police의 기술을 참고로 한다. 예를 들어 '발가락 스트레칭'은 검도 고단자가 많은 SP에서 널리 행해지는 방법이다. 방법은 간단하다. 엄지발가락부터 하나씩 발가락을 움직이는 동작을 확인하는 것뿐이다. 양발 합해 10개의 발가락 하나당 1초씩 움직인다고 하면 10초면 모두 끝난다.

호흡법을 사용하든, 스트레칭을 하든 '몸을 움직임'으로써 '마음의 준비'를 한다는 점이 중요하다.

배꼽 아래와 치골 사이 단전에 힘을 주며 천천히 숨을 내쉬는 호흡법

1 긴장을 풀고, 등을 똑바로 세우고 선다(혹은 앉는다).

2 단전에 의식을 집중하고, 머릿속으로 6까지 세면서 천천히 숨을 완전히 내쉰다.

3 숨을 완전히 내쉬면 자연스럽게 숨을 들이쉬게 된다. 1에서 3까지 세면서 단전이 불룩 나오도록 천천히 숨을 들이쉰다.

4 폐에 공기가 가득 차면 단전에 손을 대고 기합을 넣는다(1초 동안).

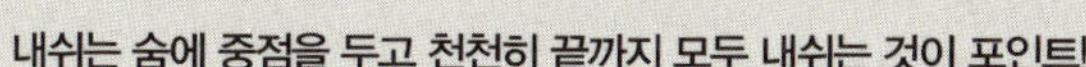

내쉬는 숨에 중점을 두고 천천히 끝까지 모두 내쉬는 것이 포인트!

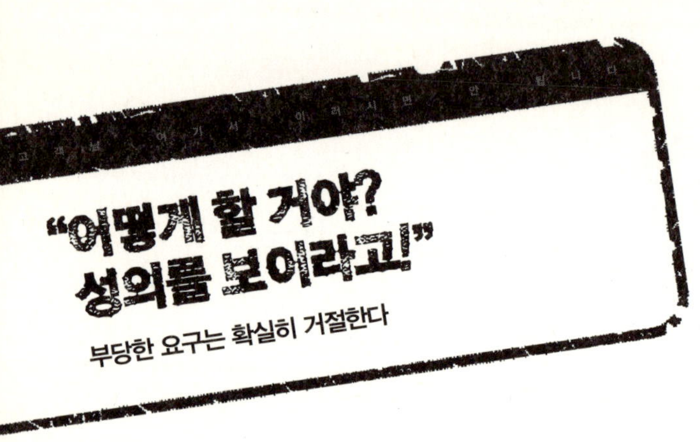

담당자 입장 : 또 그 얘기구나!

히로타는 히라오카의 압박을 필사적으로 견디는 중이었다. 히라오카도 예상 밖의 전개에 입술을 깨물었다. 히라오카는 분노가 치밀어 떨리는 목소리로 말을 이었다.

"어떻게 할 거야? 영수증도 여기 있다고!"

예상대로 용의주도했다. 히로타도 지고만 있지 않았다.

"네, 반찬을 구입하신 사실은 확인됩니다. 반찬에 플라스틱 조각이 들어 있었다고 말씀하시니, 실제 구입하신 물품을 봤으면 했습니다. 이런 말씀을 드리는 이유는 저희 점포에서 판매하는

160

반찬 중 일부를 외부 업체에서 들여오고 있기 때문입니다. 실제 구입하신 물품을 잘 조사하여 이물질이 섞여 들어오게 된 경로를 밝혀내고 싶습니다.”

“그건 당신네들 사정이고, 나랑은 상관없어.”

“말씀하신 대로입니다. 다만 앞으로 고객님들께 불편을 끼치는 일이 없도록 섞여 들어오게 된 경로를 확실히 파악하고 싶다는 것입니다.”

“알겠어. 근데 이미 버렸으니까 어쩔 수 없잖아. 아니면 플라스틱 조각이 안 들어 있었던 거라고 말하겠다 이건가?”

“아닙니다. 그런 말씀을 드린 게 아닙니다.”

“그렇다면 나한테 뭔가 해줘야지?”

“무슨 말씀이신지요?”

“성의를 보이라고!”

히라오카가 고함을 질렀다.

‘역시 돈을 노리고 있었구나.’

히로타는 아랫배에 힘을 주었다.

“고객님께서 말씀하시는 성의란 구체적으로 무엇입니까?”

“그건 당신이 생각할 일이잖아?”

“죄송합니다. 이 자리에서 더 이상의 내용은 대답해 드릴 수 없습니다.”

“그렇다면 각서를 쓰라고.”

“죄송합니다만, 저 혼자서는 각서를 써 드릴 수도 없습니다.”

히로타의 말투는 정중했으나 단호하게 거절의 의사를 밝히고 있었다. 그러자 히라오카는 심술궂게 웃으며 말했다.

"플라스틱 조각이 들어갈 정도였으면 어차피 더러운 조리장에서 만들겠지. 보건소에 신고해도 좋다는 거지? 그래도 상관없다고?"

"네, 저희로서는 보건소의 지도를 받으며 철저한 위생 관리에 힘쓰고 있습니다. 고객님께서 신고하시겠다면 저희가 뭐라고 말씀드릴 근거는 없습니다."

"그렇다면 전단지라도 뿌릴까? '플라스틱 조각이 들어간 반찬을 파는 가게'라고 써서 말이지."

"곤란하군요. 저희로서는 고객님께서 하시는 일에 이렇다 저렇다 말씀드릴 입장이 아니어서……."

히라오카는 더 이상 쓸 만한 수가 없다는 느낌이 들었다.

"당신네도 바쁘지? 그럼 불편을 끼친 값이나 조금 갖고 오는 걸로 계산 끝내면 이때?"

"무리입니다."

"왜!"

"사회 통념에 비추어 저희가 할 수 있는 한도 안에서 최대한의 성의를 보여 드린 겁니다."

히로타와 히라오카 사이의 공방이 계속되었다. 30분 정도 경과하자 히로타가 이런 말을 꺼냈다.

"이제 회의가 있어서 슬슬 돌아가 봐야겠습니다. 고객님께서 납득하시지 못한 부분에 대해서는 유감입니다만, 어쩔 방법이 없군요."

히로타의 말을 들은 히라오카는 자신도 모르게 고개를 갸웃했다. 자신이 쓴 시나리오대로 일이 진행되지 않고 있었다. 흥분한 히라오카가 벌떡 자리에서 일어나 고함을 쳤다.

"지금 가긴 어딜 가!"

"강요하시면 곤란합니다. 실례하겠습니다."

히로타와 매장 담당자는 멍하니 서 있는 히라오카를 뒤로하고 방을 나섰다.

| 대응 비법 |

거절을 위한 '3단 화법'을 숙지한다

STEP 1

정중한 말투로 거부 의사를 전달한다.

"죄송합니다."

STEP 2

충격을 완화해 줄 표현을 함께 사용하여 확실히 거절한다.

"죄송합니다만, …… 안 됩니다."

STEP 3

단도직입적으로 거부 의사를 밝힌다.

"무리입니다."

금품을 목적으로 한 악질적인 악덕 소비자는 '5만 엔 내놔'! 등 자신의 요구를 구체적으로 말하지는 않는다. 약간이라도 실수하면 공갈죄로 경찰에 신고당한다는 사실을 잘 알고 있다. 따라서 '어떻게 할 거야?', '성의를 보이라고!' 등의 애매한 표현으로 상대방에게 압박을 가한다. 이런 상황에서 담당자가 먼저 '그렇다면 얼마를 드리면 될까요?' 등의 제안을 하는 행동은 금물이다.

"성의란 구체적으로 어떤 것을 말씀하시는지요?"

먼저 상대방의 요구를 맞받아친 뒤 받아들일 수 없음을 확실히 전달하도록 한다. 그때는 3단계로 의사 표시를 하면 좋다. '죄송합니다' → '죄송합니다만, …… 안 됩니다' → '무리입니다'라는 식으로 단계를 밟아 가며 '안 된다'는 점을 반복해서 알린다.

"왜 안 된다는 거지?"

당연히 집요하게 물고 늘어지는 악덕 소비자도 있다. 그런 경우에는 '사회 통념에 비추어'라든지 '종합적으로 생각해 보면' 같은 말로 대응하면 된다. 애매한 표현을 사용하면 고객에게 실례라는 생각이 들지도 모르겠지만, 상대방이 나쁜 의도를 가졌다는 사실이 확실해진 시점에서는 더 이상 고객으로 대할 필요가 없다.

악덕 소비자가 각서를 써 달라고 요구하면 더욱 주의해야 한다. 험악한 얼굴을 한 악덕 소비자의 카리스마에 밀리거나, 장시간 잡혀 있다가 결국 각서를 쓰는 경우가 있다. 각서를 써 주면 상대방에게 협박할 빌미를 주게 된다. 절대로 써 주면 안 된다. 위협을 당해서 무리하게 써 주게 된 상황이었다면 '강요죄'가 성립하지만, 어쨌든 문서로 남은 이상 재판에서 불리하게 작용할 확률이 높다.

악질적인 악덕 소비자에게는 응대하는 시간을 한정하는 것도 중요하다. 종종 담당자에게서 '4시간, 5시간씩이나 버텼지만 실패했다'는 불평을 듣는다. 일반적으로 30분 정도 이야기를 들어 주면 대충 사정은 파악한다. 그 이상 이야기를 계속한다면 담당자의 고통만 키울 뿐이다. 힘든 상황에서 빠져나가고 싶다는 마음에 상대방의 요구에 응하게 될 위험성도 있다.

만일 강제적으로 구속당하면 '감금죄'가 성립된다. 그 경우도 담당자 쪽에서 '돌아가고 싶다'는 의사 표시를 해야만 성립된다.

어떤 상황에서든 단번에 모든 일을 매듭지으려고 무리하지 않는 것이 중요하다.

3 가지 '안 하기'로 악질적인 고객 불만을 극복한다

담당자가 확실히 의사 표시를 하는 것이 중요하다!

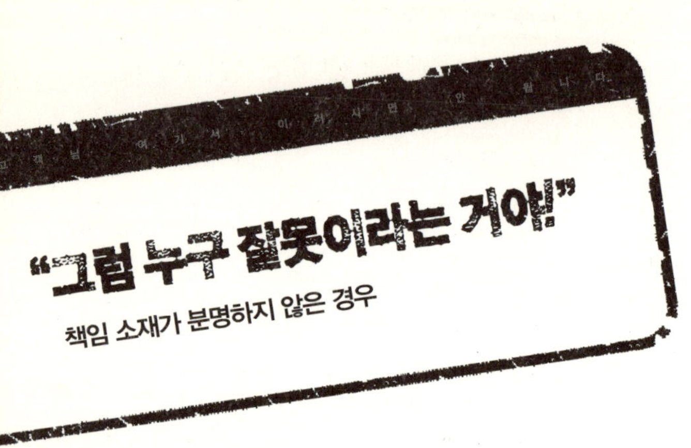

책임 소재가 분명하지 않은 경우

고객 입장 : 당신 때문에 내가 이런 일을 겪었잖아

"어제 염색했는데 두피에 염증이 생겨서 가려워요. 뾰루지 같
은 것도 올라오고, 부어오른 곳도 있어요. 어떻게 해야 되죠?"

후카다 카코는 서른 살이 넘어서 처음으로 머리를 염색했다.
미용실 거울을 들여다보면 자기가 봐도 표정이 밝아진 것 같아
서 만족스러운 기분이었다.

'다들 깜짝 놀라겠지?'

후카다는 오랜만에 들뜬 기분이 들었다.

몇 시간 후 후카다는 두피에서 목 뒤편까지가 무척 가려워졌

다. 점점 얼굴 전체가 부어오르기 시작했다.

다음 날 후카다는 걱정이 되어 미용실에 전화를 걸었다. 전화를 받은 미용사는 당황한 목소리로 대답했다.

"지금 바로 병원에 가세요."

후카다는 더욱 더 불안해졌다.

"병원이라고요? 원인이 뭐죠?"

"저희로서는 잘 모릅니다. 알레르기일지도 모릅니다."

"무슨 말이죠?"

"염색약이 고객님의 체질에 맞지 않았거나……."

상대방이 당황해하는 모습이 눈앞에 보이는 듯했다.

"당신, 미용사잖아요. 책임지세요."

"제조사로부터 사용 시 특별히 주의하라는 말을 들은 적이 없어서……."

완전히 꽁무니를 뺄 자세였다.

"그럼 누구 잘못이라는 거예요!"

후카다는 일단 전화를 끊고 회사에 연락을 넣었다.

"죄송합니다. 몸이 좀 안 좋아서 오늘은 쉬고 싶습니다."

까다로운 상사의 양해를 겨우 얻어 낸 후카다는 동네 피부과를 서둘러 찾았다.

"이건 염색약으로 인한 피부염이로군요. 최근 이런 사고가 많아요. 원래 염색하기 48시간 전에 패치 테스트, 즉 알레르기 반응 검사를 하는 것이 의무 사항입니다. 그렇긴 해도 검사를 하는 미용실은 전무하다고 해도 좋아요. 앞으로 염색은 하지 않는 게 좋겠습니다. 오늘은 먹는 약과 연고를 처방하겠습니다. 만약 증상이 악화되면 곧 내원하세요. 링거를 맞도록 하죠."

의사에게 설명을 들은 후카다의 불안이 분노로 변했다.

담당자 입장 : 정말 내 잘못이야?

"염색 때문에 염증이 생겼다고? 병원에는 가라고 했어? 연락해 봐."

신입 미용사인 후쿠이 요시미는 원장에게 지시를 받아 고객 리스트에서 후카다 카코의 이름을 찾아냈다. 후쿠이는 주저하며 전화를 걸었다.

"후카다 씨 되십니까? 이번 일은 죄송합니다. 상태는 어떠신지요?"

"역시 염색약이 원인이라고 해요. 오늘 회사도 쉬었어요. 내일도 출근은 힘들 것 같네요. 이 일을 어떻게 하실 건가요?"

"정말 죄송합니다."

정중하게 사과를 한다고 한 말이었지만, 후카다는 가시 돋친 목소리로 대답했다.

"치료비와 휴업 보상, 제대로 하세요. 위자료도 받아야겠어요. 모두 당신들 책임이잖아요. 염색 전에는 패치 테스트를 해야 하잖아요."

후카다의 말을 들은 후쿠이는 당황스러워졌다.

'휴업 보상? 위자료? 그게 뭐지? 패치 테스트는 어느 미용실에서도 안 하는걸.'

전화는 일방적으로 끊겼다. 후쿠이는 수화기를 든 채 후카다와 나누었던 대화를 떠올렸다.

'그때 이런 이야기를 했었지.'

"저는 회사에서 마케팅 업무를 담당하고 있어요. 이번엔 유럽 시찰을 다녀올 예정이에요."

'굉장히 유능한 사람일지도 몰라. 고소당하면 어쩌지.'

후쿠이는 점점 무서워졌다.

| 대응 비법 |

성의 표시에 대한 한계선을 정해 둔다

쉽사리 금전을 통한 해결을 꾀하지 않는다. 

➥ 악덕 소비자의 표적이 되지 않도록 한다.

자사의 업종과 업태에 맞는 기준을 세운다. 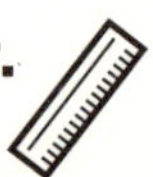

➥ 현실적인 보상 방법을 검토해 둔다.

사회적 규범에 비추어 공평하고
공정한 것을 기준으로 삼는다. 

➥ 악덕 소비자를 특별 대우하지 않는다.

'이것만은 양보 못 한다'는 기준이 필요하다

상품이나 서비스를 제공하는 측의 일처리가 서툴러서 문제가 생기면 어떻게 보상하는가? 대개 고객의 주장을 듣고 사내 규정 등에 따라 대처하는 것이 통상적인 처리 수순이다. 그러다 어느 선까지 보상해야 좋을지 판단하기 어려운 경우가 생긴다.

이번 사례는 최근 미용실에서 빈번하게 일어나는 트러블로, 미용실 운영자가 많이 고민하는 문제이다. 피부과 의사의 설명처럼 미용실에서 염색약을 사용하려면 사전에 패치 테스트를 실시하도록 되어 있다. 하지만 현실적으로 미용실에서 고객에게 '오늘은 패치 테스트만 하겠다'고 말하기는 어려운 것이 사실이다.

원래 시판 중인 염색약의 사용 설명서에도 패치 테스트가 필요하다고 쓰여 있다. 문제는 설명서 내용을 충분히 이해하고 있는 일반 소비자는 거의 없다는 점이다.

한번 문제가 생기면 미용실은 책임을 피해 가지 못한다. 미용실 입장에서는 '우리만 그런 게 아니다'라고 생각하더라도 변명은 통하지 않는다. 과연 어떻게 해야 좋을까?

물론 이번 사례에서는 치료비를 부담하는 것이 당연하다. 다만 휴업 보상이나 위자료에 대한 판단은 어려운 부분이다. 이런 상황에서 고객이 제기한 불만에 대해서는 구체적인 상황에 따라 적절히 대응하겠지만, '지침'은 미리 정해 놓아야 한다. 자동차 운전에 비유하자면, 핸들 조작에 있어 여유가 필요하지만, 우회전인지 좌회전인지에 대한 조작이 애매해서는 안 된다는 것이다.

다음 사항을 잘 기억해 두자. 부당한 요구는 금전으로 해결하지 않도록 하는 기본 전제를 세워야 한다. 부당한 요구의 특징은 과실에 따른 보상뿐만 아니라, 추가적으로 금전이나 특별 대우를 요구한다는 점이다.

간단한 예를 들어 보자. 불량품을 구입한 고객이 대금 반환이나 상품 교환을 요구하는 것은 정당하다. 그에 더해 '불편을 감수한 데 따른 보상' 등을 운운한다면 부당한 요구이다.

○ 부끄러운 줄 모르는 단골손님

매장에서 상품을 살피던 젊은 남성이 판매원에게 말을 걸었다.

"지금 사진 않을 텐데, 이 상품에 대해 설명해 주셨으면 해요"

판매원은 상품의 내용물과 사용법을 대략적으로 설명하고 다른 손님과 대화를 나누기 위해 돌아섰다. 그때 남성이 불만을 표했다.

"더 정중하게 설명하라고"

많은 손님으로 북적거리는 매장에서 남성 고객과 판매원 사이에 다툼이 시작되었다. 점장이 사무실로 안내하자 남성은 판매원에 대한 비판을 반복했다. 비판은 무려 3시간 동안이나 계속되었다.

"어떻게 해 드리면 납득하시겠습니까?"

남성에게 오랜 시간 붙잡혀 있던 점장이 참다못해 남성에게 물었다. 그러자 부당한 대답이 돌아왔다.

"그 상품을 주세요, 설명했던 상품."

"구입하시겠다는 말씀이신가요?"

"당연히 공짜지!"

"무상은 안 됩니다. 조금 할인해 드리도록 하겠습니다."

남성은 투덜거리며 돌아갔지만, 이후로도 종종 매장을 찾아와 태연한 얼굴로 쇼핑을 즐겼다.

접객 태도를 트집 잡으며 특별 대우를 요구한다.

손해 보험에 들었다고 해서 쉽게 금전으로 해결을 보려고 하면
안 된다. 그 사실이 금세 퍼져 나가서 악덕 소비자의 표적이 된다.

또한 조직의 업종이나 업태 등에 맞춘 기준을 세워 두는 것도
중요하다. 조직에 따라 '성의를 표현하는 방법'이 다르기 때문이다.

예를 들어 과일 가게와 백화점을 비교해 보자. 상점가에 위치
한 과일 가게에서 파는 채소가 좀 상했다고 해서 가게 주인이 선
물 상자를 손에 들고 단골손님의 집을 찾아가는 일은 거의 없다.
기껏해야 해당 고객이 다시 가게에 오면 덤을 챙겨 주는 정도이
다. 반면 백화점 식품 판매장에서 신선도가 떨어진 고급 식재료
가 팔렸다면 책임자가 구입한 사람에게 정식으로 사죄 인사를
해야 할 것이다.

마지막으로 공평함과 공정함이 기준이 되어야 한다. 즉, 악덕
소비자를 특별히 취급하지 말아야 한다. 큰 소리로 자신의 불편
함을 주장하는 고객의 요구에는 응하고, 얌전히 침묵을 지키는
고객에게는 참으라고 한다면 기업 윤리나 기업의 사회적 책임에
도 반하는 일이다. 반드시 잊지 말아야 할 것이 있다. '이것만은
양보할 수 없다'는 '한계선'을 조직 전체를 통틀어 정해 놓고 준
수하는 일이다.

ㅇ 비상식적인 반품 요구

어느 날 중년 부부가 가전 판매점을 방문했다. 오디오 기기 구입을 검토 중이라고 했다. 판매원이 응대하자 남편은 마음에 든 기종을 발견했다며 얼굴에 웃음꽃이 피었다. 곁에 있는 부인은 약간 불만인 듯했지만, 두 사람이 의논하여 구입을 결정했다.

그 후 며칠 지나지 않아 부인이 판매점으로 전화를 걸어왔다.

"내 마음에 들지 않아서 반품해야겠어요."

상품의 상태를 확인해 보니, 이미 배선을 다 마치고 사용했었다는 사실이 드러났다.

"구입하실 때 부인께서도 괜찮다고 생각하신 것으로 알고 있습니다. 이미 사용 중이시라 반품해 드리기는 어렵습니다."

전화를 받은 판매원은 당연한 내용을 설명했다고 생각했다. 뜻밖에도 상대방은 화난 목소리로 받아쳤다.

"당신이 억지로 팔았잖아요! 다른 가게에 가면 훨씬 싸게 살 수 있다고요."

부인은 영업 중인데도 2시간 정도 계속 불평을 늘어놓았다. 거기에 다음 날 가게를 찾아와 똑같은 이야기를 한 시간 이상 계속했다. 더 이상 시간을 내주면 손해라고 판단한 판매점 측은 바라던 바와 달리 반품을 받아 주고 말았다.

> 격한 가격 경쟁 속에서 소비자의 권리를 확대 해석하고 있다.

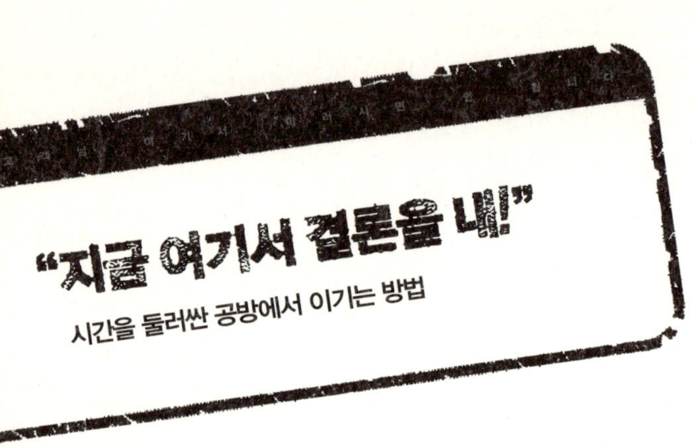

담당자 입장 : 점장님, 얼른 돌아오세요!

"아, 죄송합니다."

도심에 위치한 고급 가구점에서 점원 호사카 쥰이치가 돌아보다가 초로의 남성 고객과 어깨가 부딪혔다.

"이봐, 조심해야지!"

나이에 비해 캐주얼한 복장인 그의 목소리에 카리스마가 넘쳤다. 양손에 짐을 가득 들고 있던 호사카는 어색하게 고개를 숙였다.

남성은 흥 하고 콧방귀를 뀌더니 가게 안을 둘러보려고 했다. 바로 그때 남성은 바닥에 떨어진 자신의 핸드폰을 보았다.

"뭐야, 핸드폰이 망가졌잖아?"

핸드폰을 주워 들고 이것저것 조작해 봐도 어째 잘 작동하지 않는 모양새다. 호사카는 짐을 바닥에 내려놓고 남성이 있는 쪽으로 급하게 걸어갔다.

"죄송합니다. 핸드폰 상태는 괜찮은가요?"

"글쎄……."

남성은 무뚝뚝한 말투로 대답했다. 호사카는 상품 반입 작업이 신경 쓰였지만, 남성을 이대로 내버려 두고 자신이 하던 작업을 계속할 수는 없었다. 그는 옆에 가만히 서서 남성의 손끝을 지켜보았다. 핸드폰을 만지작거리던 남성이 천천히 고개를 들며 말했다.

"당신, 내 핸드폰이 망가지면 일이 어떻게 되는지 알고 있어?"

갑자기 불길한 공기가 감돌았다.

"무슨 말씀이십니까?"

호사카는 머뭇거리며 물었다.

"핸드폰에 중요한 데이터가 들어 있다고. 데이터가 지워지면 큰일 난단 말이야."

"데이터 말씀이십니까?"

호사카는 남성이 무슨 이야기를 하는지 잘 이해가 되지 않았다. 남성은 허세를 부리듯이 턱을 손가락으로 만지면서 말을 계속했다.

"핸드폰에 100명이 넘는 파티 접대원들의 연락처가 들어 있다고. 이제 막 연락할 참이었고."

“아, 그러셨습니까? 어떻게 해 드리면 되죠?”

호사카가 질문했다.

“지금 회사로 돌아갈 거야. 사무실은 오사카에 있어. 급히 가려면 신칸센으로 가야 해. 승차권 값을 내놔.”

호사카는 갑작스러운 요구에 곤란스러워졌다.

“고객님, 잠시 핸드폰을 보여 주시겠습니까? 혹시 아직 데이터가 남아 있을지도 모릅니다.”

호사카의 제안에 남성은 목소리를 높였다.

“뭐가 이러쿵저러쿵 말이 많아! 그럼 한번 보라고!”

호사카는 남성의 핸드폰에 등록된 번호를 확인해 보려고 했다. 안타깝게도 데이터는 전혀 남아 있지 않았다.

‘어째 이상한대? 전화기는 정상적으로 작동하는 것 같은데……’

자신을 믿지 못하는 호사카에게 기분이 상한 듯 남성이 호통을 쳤다.

“신칸센 승차권 값, 어쩔 거냐고!”

“죄송합니다. 점장님과 상의하지 않고서는 힘듭니다.”

“점장 어디 있어?”

“지금 외출 중이십니다.”

“승차권 값 정도는 계산대에 가면 그냥 꺼내 올 수 있잖아! 빨리 갖고 와. 막차 시간에 늦는다고! 내줄 거야, 말 거야. 지금 여기서 결론 내라고!”

호사카는 계산대에 들어 있을 돈의 액수를 떠올렸다.

작은 이벤트 기획 회사를 경영하는 호리다 겐고는 속으로 호사카를 비웃고 있었다.

'순진한 자식이군. 이걸로 내일 신칸센 값을 벌게 되는 건가. 이제 대리점 사람들을 꼬셔서 술이라도 한잔 걸칠까?'

| 대응 비법 |

초조해하거나 당황하지 말고 이름을 확인한다

POINT 1

'행복한 것처럼 말하기'로 상대방의 요구에 대한 즉각적인 대답을 피한다.

POINT 2

'단전 호흡법' 등으로 냉정을 유지한다.

POINT 3

이름을 물어 상대방에게 압박을 가한다.

'빨리 배상해 주고 끝내고 싶다!'는 마음이
문제 해결의 실패로 이어진다

이번 사례는 사기라고 말해도 손색이 없다. 악덕 소비자의 수법으로 보아 상습범이라 짐작된다. 사회 경험이 부족한 종업원이 감쪽같이 상대방의 술수에 놀아나는 것도 무리가 아니다.

요즘에는 전문 사기꾼 수준의 악덕 소비자가 선량한 시민의 탈을 쓰고 여기저기에 출몰한다. 이런저런 말을 늘어놓으며 상대방을 초조하게 만들고, 그 자리에서 금품을 뜯어내려고 시도한다.

이런 부류의 사람들은 앞서 설명한 '항복한 것처럼 말하기' 방식으로 대하면 효과가 있다. '저 혼자 판단할 문제가 아닙니다', '급하시겠지만 지금 당장 답변해 드리기 어렵습니다'라고 되받아치는 식이다. 악덕 소비자는 교묘한 말로 상대방이 빨리 대응하도록 재촉한다. 악덕 소비자의 약은 수법에 넘어가서는 안 된다.

사실 악질적인 악덕 소비자는 '논리'와 '감정'이라는 두 개의 무기를 가지고 공격한다. 이번 사례에서 살펴보자면, '막차를 놓친다'는 억지 논리와 호통을 치며 공갈 협박을 하는 것이 해당된다.

고객 불만에 대응하는 일에 익숙하지 않은 사람이 악덕 소비자와 대면하면 '빨리 쫓아내 버리고 싶다', '이곳에서 탈출해 버리고 싶다'는 마음이 앞선다. 그러다 보면 쉽게 상대방의 억지 논리를 받아들이는 경향이 있다. '하긴 시간이 없지'라고 생각해 버리는 것이다. 이것이 악덕 소비자기 노리는 큰 함정이다.

여기서 중요한 점은 침착하게 대응하는 마인드를 되찾는 것이다. 그러려면 앞서 설명한 '단전 호흡법'이 도움이 된다. 가능하다면 악덕 소비자와 거리를 두고 10초 정도 마음을 가라앉히는 시간을 가지도록 한다.

마음을 가라앉히고 각오를 다졌다면 악덕 소비자의 이름을 물어 본다.

"상사와 의논하여 연락을 드릴 테니, 성함을 알려 주세요."

자신을 보호하기 위한 '항복한 것처럼 말하기' 방식이면서 동시에 악덕 소비자에 대한 반격의 시작점이기도 하다. 침착하게 상대방의 대답을 기다리면 이번엔 자신의 본모습을 들키고 싶지 않은 악덕 소비자가 궁지에 몰리는 상황이 된다.

이번 사례에서 점원이 남성에게 이름을 물어봤다면 어떻게 되었을까? 남성은 점장이 돌아올 때까지 기다리지 못하고 '됐어!' 라는 말을 남긴 채 자리를 뜨고 말 것이다.

악덕 소비자를 사면초가 상태로 몰아넣는 기본적인 패턴

'이름 물어보기'로 반격한다.

고객 입장 : 계획대로야. 큰돈을 손에 쥐겠군!

마츠다 겐타는 가지고 온 물건의 포장을 열었다. 예쁜 꽃병이 모습을 드러냈다. 무의식중에 웃음이 흘러나왔다.

'이제 이걸 이용해서 한 건 하겠구나.'

마츠다는 줄을 꺼내어 꽃병에 작게 흠을 내고는 곧 꽃병을 판 가게에 전화를 걸었다.

"댁에서 꽃병을 사 왔는데, 흠이 있어. 반품하겠어!"

전화를 받은 여성이 대답했다.

"그러십니까. 죄송하게 됐습니다. 금방 처리하도록……."

마츠다는 여성의 말을 자르며 말했다.

"지금 가지고 갈 테니까 돈을 준비해 두라고!"

"네, 알겠습니다."

마츠다의 냉담한 말투에 여성이 떨리는 목소리로 대답했다.

마츠다는 도쿄 아카사카에 있는 도자기 전문점에 들어서자마자 매장 안을 둘러보았다. 손님은 한 쌍의 노부부와 여성 몇 명, 도예가로 보이는 노인 한 사람이었다.

'딱 좋은 숫자네. 이 갤러리의 명성도 그저 그런 수준이군.'

마츠다는 가까이 있던 점원에게 말을 걸었다.

"아까 전화한 사람인데, 꽃병을 반품하고 싶어. 담당자를 불러 주겠어?"

전화를 걸었을 당시와는 전혀 다른 부드러운 말투였다.

점원은 동료와 뭔가 의논하는 듯했다. 잠시 후 여성 점장이 마츠다에게 다가왔다.

"불편을 끼쳐 드려 정말 죄송합니다."

마츠다는 점장을 샅샅이 훑어보았다. 바싹 긴장한 탓에 몸이 뻣뻣하게 굳어 있었다.

'이런, 착각 말라고. 흥미가 있는 건 당신이 아니라 당신 호주머니의 돈이니까.'

마츠다는 웃음을 참으며 말했다.

"이 꽃병, 반품하겠어. 환불해 줘."

"알겠습니다."

잠시 후 봉투를 손에 든 점장이 돌아왔다.

"죄송합니다. 대금을 돌려 드리도록 하겠습니다."

마츠다는 봉투 안을 확인했다.

"잠깐!"

마츠다는 목소리를 높이며 과격한 말투로 내뱉었다. 매장 내의 고객과 종업원이 일제히 마츠다와 점장이 있는 쪽을 돌아보았다. 점장은 당황하며 설명했다.

"대금 3만 엔입니다만……."

"일부러 택시까지 타고 반품하러 왔어. 정말 이게 다라고?"

표정이 험악해진 마츠다 앞에서 점장은 어찌할 바를 몰랐다.

"택시라고요? 어디에서 오신 거죠?"

"도코로자와에서."

마츠다는 적당히 둘러댔다. 실제로는 시부야에서 전철을 타고 15분 걸려 왔을 뿐이다. 점장은 한순간 망설이다 말했다.

"택시 대금도 드리도록 하겠습니다."

마츠다는 '걸려들었군!' 하고 생각했다. 이제는 상대방을 서서히 몰아가면 된다.

"그런 건 당연하지. 그것보다 이 꽃병은 중요한 클라이언트에게 부탁받아서 대신 사 놓은 거라고. 그런데 요 모양 요 꼴이야. 완전히 체면 구겼어. 덕분에 협상도 물 건너갔고."

그리고는 마츠다가 대뜸 고함을 쳤다.

"어쩔 거냐고! 어떻게 책임질 거야!"

점장은 동요를 감추지 못했다.

“그렇게 말씀하셔도…….”

“그러니까 어떻게 할지 묻고 있는 거 아냐!”

이 시점에서 마츠다는 입을 다물었다. 점장은 확실히 겁을 먹었다. 마츠다는 속으로 ‘1, 2, 3, 4, 5’를 세고는 날선 목소리로 몰아붙였다.

“확실히 하라고!”

점장은 완전히 패닉 상태였다.

“어떻게 해 드려야 하나요?”

'고함', '호통', '침묵'에 속지 않는다

"잠깐!"

악덕 소비자는 소리를 질러 혼란을 키움으로써
상대방의 입장을 악화시킨다.

"어쩔 거냐고!"

악덕 소비자는 성난 목소리로
상대방을 혼란하게 만들려고 한다.

"……"

악덕 소비자는 침묵하며
상대방이 말실수하기를 기다린다.

"어떻게 할 거야!"

악질적인 악덕 소비자가 갑자기 큰 소리로 말하거나 테이블을 내려치는 일이 있다. 상대방을 혼란스럽게 만들어서 자신의 시나리오대로 일이 돌아가도록 만들기 위해서다.

그전에 '잠깐!'이라는 말을 사용하는 베테랑 악덕 소비자도 있다. 소리를 질러 미리 상대방의 주의를 끌어서 파괴력을 키우려는 속셈이다. 소위 적을 공격하기 위한 마지막 필살기를 쓰기 직전에 보조 공격을 쏟아 내는 것과 같은 이치다.

여기에서 주의해야 할 점이 있다. '잠깐!'이라는 말에 주위에 있는 사람들 모두가 소리가 난 쪽으로 반응한다는 것이다.

"어, 뭐지?"

주위 사람들은 목소리의 주인공을 찾게 된다. 악덕 소비자는 그 타이밍에 맞춰 고함을 질러 댄다. 주위의 시선을 끌어들여 혼란을 키우려는 목적이다. 악덕 소비자의 표적이 된 사람은 갑자기 호통을 들어서 느끼게 되는 공포와 더불어 조바심이 든다.

'이대로 놔두면 모두에게 폐를 끼친다.'

그 결과 평정심을 잃고 완전히 혼란스러운 상태에 빠지고 만다.

또한 악덕 소비자는 '침묵'을 교묘히 조종하여 상대방을 궁지로 몰아넣는다. 고함을 쳐서 겁을 먹게 하고는 갑자기 아무 말도 하지 않고 입을 꾹 다무는 것이다. 시간으로 따지면 겨우 몇 초에 지나지 않지만, 그사이 담당자의 불안은 점점 부풀어 오르게 된다.

아마 당신도 비슷한 경험을 한 적이 있을 것이다. 누군가와 언쟁을 벌이다 상대방이 갑자기 입을 다물면 불안해지지 않는가? 전화라면 더욱 불안하게 느껴진다. 상대방의 표정을 알 수 없는 만큼 더욱 기분이 나빠진다. 악덕 소비자는 이런 심리를 이용하는 것이다.

악덕 소비자는 다양한 기술을 구사한다. 이에 대항하려면 우선 악덕 소비자의 수법을 잘 알아 두는 것이 중요하다. 즉, 악덕 소비자의 고함이 귓가에 울려도 '지금 협박하는구나'라고 판단해야 한다. 악덕 소비자가 '잠깐!'이라고 외쳐도 '지금 함정에 빠뜨리려고 하는구나'라고 생각하고 조심해야 한다.

악덕 소비자가 갑자기 입을 다문다면 함께 침묵해야 한다. 말꼬리를 잡히지 않도록 필요 이상의 말을 하지 않는 것이 가장 효과적인 방어 전략이다.

① 악덕 소비자의 침묵에는 침묵으로 대응한다.
상대방이 갑자기 조용해지면 5초 동안 침묵한다.

② 침묵하는 시간을 늘려 간다.
상대방이 5초 동안 침묵하면 10초 침묵한다.

상대방이 침묵을 깨도록 만들면 성공!

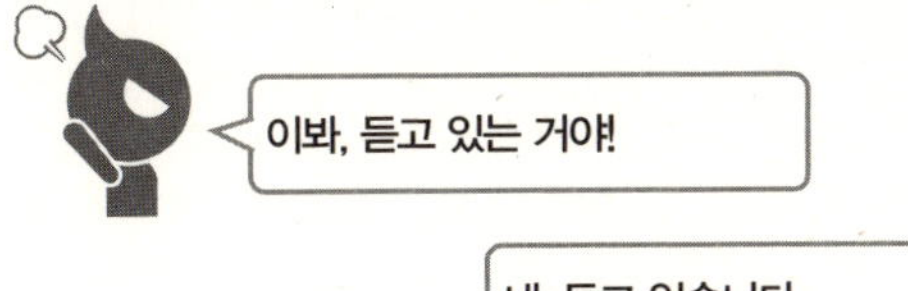

점점 상대방이 조바심을 내며 스스로 물러선다.

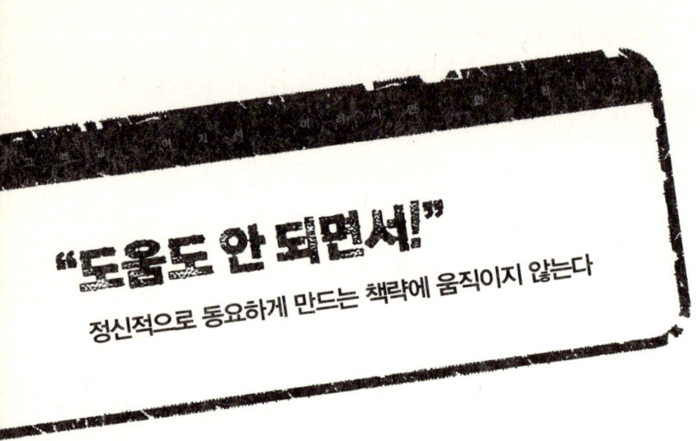

담당자 입장 : 열받아! 두려워! 창피해!

"언제까지 기다리게 하는 거야!"

의사 미야케 히로시는 진료실에 들어온 남성 환자의 갑작스러운 호통 소리를 들었다. 미야케는 험악한 환자의 표정을 보고 난처해하면서도 무례한 태도에는 무척 불쾌했다.

'역시 몸이 아프면 마음이 급해지는 것이 당연한가.'

"무슨 일이시죠?"

"저녁부터 머리가 좀 아파."

미야케는 체온을 측정하고 문진, 촉진을 끝낸 뒤 환자에게 말했다.

"크게 걱정할 정도는 아닌 듯합니다. 만약을 위해 진통제를 처방해 드리겠습니다만, 상태가 나빠지지 않으면 약을 드시지 않아도 괜찮습니다. 지금은 푹 쉬도록 하세요."

그러자 환자가 물었다.

"뇌파는 조사하지 않아도 되는가?"

미야케는 전자 의료 차트에 데이터를 입력하며 대답했다.

"괜찮습니다. 걱정 안 하셔도 돼요."

환자는 물러서지 않았다. 가슴 주머니에 쑤셔 두었던 종이를 꺼내 미야케에게 보여 주며 말했다.

"보라고. 여기 쓰여 있잖아. 내 증상이랑 똑같아."

거기에는 뇌신경과 관련된 병명이 적혀 있었다.

'또인가.'

미야케는 진절머리가 났다. 환자가 인터넷으로 조사한 정보를 바탕으로 의사에게 맞서려고 들기 때문이다. 의사들 사이에서는 '구글 증후군'이라는 이름으로 놀림감이 되는 부류의 사람들이다.

"그건 증상이 더욱 극단적인 경우에 해당합니다. 전혀 다른 겁니다."

미야케는 환자를 안심시킬 생각으로 가볍게 말했다. 그것이 오히려 역효과를 불러왔는지, 환자가 난폭하게 말했다.

"지금 나를 바보 취급 하는 거야!"

미야케가 의료 차트에서 눈을 떼고 환자와 얼굴을 마주했다. 잔

뚝 찌푸린 얼굴로 자신을 노려보고 있는 환자가 눈에 들어왔다.

"아닙니다. 그런 의도는 털끝만큼도 없어요."

미야케는 평정을 가장했지만 내심 조마조마했다. 옆에 있는 간호사도 긴장해서 표정이 굳어졌다. 진찰실에는 이상한 분위기가 감돌았다. 의사와 간호사, 환자 세 사람이 굳게 입을 닫아 버렸다.

정적을 깬 사람은 환자였다.

"도움도 안 되면서!"

환자의 말에 미야케도 울컥했으나, 반론할 새도 없이 환자가 호통을 쳤다.

"그러고도 의사야? 뭐야, 그 멍청한 표정은? 쪽팔리지도 않아? 그냥 죽어 버려!"

미야케도 점차 얼굴이 흥분으로 붉어졌다. 동시에 정체도 모르는 상대에게 공포심도 느꼈다.

'어쩌지? 이대로 두면 안 돼. 어떻게든 이 사람을 달랠 방법은 없을까?'

이런저런 생각을 하던 미야케에게 환자가 손을 뻗었다. 멱살을 잡으려는 시도였다. 미야케는 반사적으로 의자를 걷어차면서 뒤로 물러났지만, 진료실 밖으로 뛰쳐나가지는 않았다.

'나의 부끄러운 모습을 동료나 환자들에게 보이고 싶지 않아.'

그때 분노와 공포로 자제심을 잃은 쪽은 미야케였다.

고객 입장 : 제길, 하는 일마다 안 풀려!

미야모토 준이치는 사람들에게 자주 신경과민이라는 소리를
듣는다. 그런 탓인지 직장에서의 인간관계도 별로 좋지 않다. 자
연히 피해망상이 되는 경향이 있다.

'어차피 의사들은 세상 물정 모르는 도련님들 아냐. 항상 자기
잘난 척이나 하고 말이야. 뭐가 대단하다고.'

미야모토에게는 자연히 고객 불만을 걸 만한 정보가 모여들
었다. 그에게 그런 상황은 '기회'이기는커녕 '불행'일 뿐이었지
만…….

폭언이나 욕설에는 마음에 '방어벽'을 친다

비방과 중상에는 귀를 막는다.

— 자신의 '분노'를 조절한다.

▶ "도움도 안 되면서!"
▶ "부끄럽지도 않아!" 등

'협박 문구'는 듣고도 무시한다.

— 자신의 '공포심'을 조절한다.

▶ "죽어 버려!"
▶ "그냥 끝날 거라고 생각하지 마!" 등

'부당한 요구'는 한 귀로 듣고 한 귀로 흘린다.

— 자신의 '혼란'을 조절한다.

▶ "책임져!"
▶ "보상해!" 등

자신의 마음을 잘 조절하여 평정심을 유지한다

악질적인 악덕 소비자는 종종 폭언과 욕설을 퍼부어서 상대방을 혼란스럽게 만든다. 그때 주도권을 잃어버리면 아무것도 지켜 내지 못한다.

이번 사례는 처음부터 악의가 있던 사람이라고 단정해서 말할 수는 없다. 장시간 대기실에서 기다리느라 화가 났을 수도 있다. 의료 차트만 보고 자신은 보지 않는 의사에게 화가 났을 가능성도 있다. 단, 의사의 멱살을 잡으려고 한 행동은 매우 폭력적이어서 악질적인 행위이다.

어느 가능성이 맞든지 간에 악덕 소비자의 폭언과 욕설에는 마음에 '방어벽'을 치고 평정심을 유지하는 것이 중요하다. 즉, 악덕 소비자가 한 말을 곧이곧대로 받아들일 필요가 없다는 것이다. 이번 사례처럼 '도움도 안 되면서!'라는 식의 비방과 중상을 들으면 귀를 막는다는 기분으로 악덕 소비자의 폭언을 차단한다.

'죽어 버려!'라는 등의 공포심을 부추기는 협박 문구는 듣고 무시해 버리는 편이 현명하다. 금전이나 괴롭힘을 목적으로 하는 악덕 소비자에 대해서는 그런 발언이 있었다는 사실을 기록해 두도록 한다.

개중에는 '책임져!'라고 큰 소리로 계속 고함을 치는 악덕 소비자도 있다. 그 경우에도 '소음'으로 여기고 한 귀로 듣고 한 귀로 흘리도록 한다. 그렇게 하지 않으면 혼란에 빠져 정상적인 판단이 불가능해진다.

　만약 전화로 악덕 소비자가 고함을 치면 수화기를 귀에서 떨어뜨리도록 한다. 고막에 상처를 줄 정도의 폭언도 '약간 귀에 거슬리는 소음' 정도로 느끼게 될 것이다.

　달리 말해 'K점'을 넘어선 악덕 소비자에게는 '위에서 내려다보는 시선'으로 대응해도 괜찮다. 폭언이나 욕설을 들어도 '이 사람은 마음이 가난하구나', '고객 불만 대응은 내 일이나 인격과는 관계없으니까 무슨 말을 듣더라도 상관없어', '저런 사람은 언젠가 벌을 받을 거야'라는 식으로 생각하면 마음에 여유가 생긴다.

　하나 더 중요한 사항을 덧붙이자면, 평정심을 유지하려면 얄팍한 자존심을 버려야 한다는 것이다. 주위의 눈을 의식하여 진찰실 밖으로 나가지 않았던 의사는 환자에게 폭행당할 위험에 놓인 채 더욱 혼란스러운 상태에 빠지게 될 것이다.

언젠가, 누군가가 나를 대신해서 제대로 갚아 주겠지!

악덕 소비자가 제기한 불만에 최선을 다해 대응하더라도 사태가 호전된다는 보장은 없다. 그럴 때는 정색하고 화를 내기 쉽지만 그런다고 해결되는 것은 없다. 그렇다면 이런 상황에서는 어떻게 해야 좋을까? '내가 직접 하지 않더라도 언젠가, 누군가가 나를 대신해서 제대로 갚아 주겠지'라는 마음으로 평정심을 되찾아야 한다.

정말 '천벌' 같은 것이 있을까? 나는 종교에 대해 잘 모르지만, 천벌은 있다고 생각한다. 경찰관으로 근무하던 시절, 수배 중인 용의자나 의심스러운 자들을 찾아내기 위해 항상 주위 사람을 관찰하는 습관이 몸에 배었다. 그러다 자주 같은 얼굴을 마주치게 되어 이상하다는 생각이 들었다. 예를 들어 계단을 내려오는 사람을 보고 '어? 아까 계단을 올라간 사람이구나'라고 깨닫게 되는 경우가 있다. 이건 경찰관으로서 의식적으로 주위를 둘러보았기 때문에 실감할 수 있는 일이다.

달리 말하면 일반적으로 '내가 알아차리지 못하는 일도 현실에서 일어나고 있다'고 생각할 수 있지 않을까? 이런 '관계' 속에서 악질적인 악덕 소비자는 어디선가 때가 되면 사회적인 제재를 받을 것임에 틀림없다.

혼자서 모든 일을 매듭지으려 하지 말자.

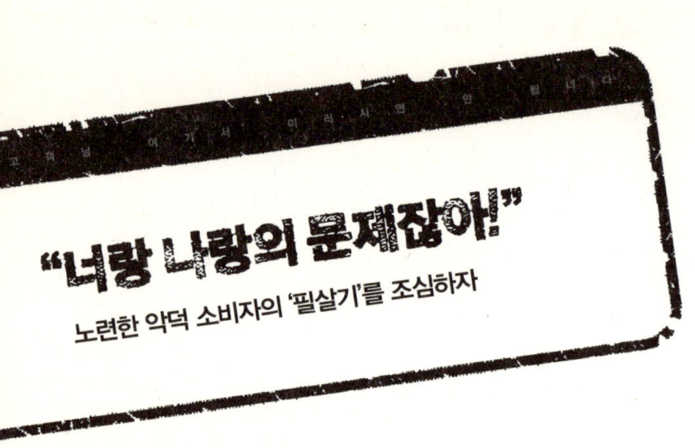

담당자 입장 : 왜 이렇게 되었지?

대기업 근무 15년 차인 무로타 가즈히코는 도심의 한 카페에서 만나기로 한 남자를 기다리고 있었다.

'이제 와서 무슨 이야기를 하겠다는 거야?'

3개월 전에 한 남자에게서 사원의 접객 태도가 불량하다는 불만을 접수했다.

"여성 사원이 비음이 너무 많이 섞인 목소리로 응대한다고. 바보 취급을 당하는 것 같아서 심히 불쾌해."

별것 아닌 내용이었다. 당시 무로타는 '이상한 남자네?'라고 생각하면서 현장 책임자인 자신이 사과하면 해결될 문제라고 안이하게 여겼다.

일은 쉽게 풀리지 않았다. 남자는 자주 회사를 찾아왔고, 그럴 때마다 트집을 잡았다. 어느새 처음에 제기했던 불만 사항은 어디론가 사라져 버리고 '구입한 상품의 품질이 나쁘다', '과대광고로 소비자를 우롱하는 짓은 그만둬라' 등 내용이 다른 주제로 번져 갔다. 결국엔 '나한테 컨설턴트 비용을 지불할 생각은 없나?'라는 말까지 나왔다.

'더 이상 상대 못 하겠군.'

성실하고 정직한 무로타도 이 요구는 지나치다고 생각하며 남자의 요구를 거절했다.

"지금까지 여러 가지 점을 지적해 주셔서 감사드립니다. 하지만 고객님의 희망 사항을 들어 드리기는 어렵습니다."

무로타가 말하자 남자는 '알겠다'며 물러섰다. 1주일 전의 일이었다. 그러다 어제 다시 남자에게서 전화가 걸려 왔다.

"근처에 볼일이 있으니까 잠깐 둘이서 만날까?"

약속 시간보다 10분 늦게 남자가 카페에 들어왔다. 인사를 나누자 남자는 갑작스럽게 이야기를 꺼냈다.

"당신은 도대체 누가 월급을 준다고 생각하지?"

"회사에서 받는 거겠죠?"

"바보 아냐? 고객이지. 그러니까 고객 만족을 못 시키는 거야!"

남자는 말을 이었다.

"장사는 뭘 위한 거야?"

"회사의 이익 창출이요?"

"멍청하긴! 고객의 웃는 얼굴이지. 잘 기억해 두라고!"

남자는 아이스커피 잔을 올려놓았던 컵 받침을 뒤집어 고객의 웃는 얼굴을 그렸다. 그리고는 속사포처럼 말을 쏟아 냈다.

"그럼 고객 만족이란 뭐야? 당신네 경영 이념은 뭐고?"

"종업원의 접객 태도는 물론 기업 윤리, 경영자의 인격, 사회적 평가, 광고 및 선전 등 기업이 제공하는 모든 것에 대해 항상 고객께서 만족하시는가가 중요합니다."

무로타는 자신이 한 말이지만 좋은 답변이라고 생각했다. 남자는 이렇게 되받아쳤다.

"알고 있으면서 왜 실천에 못 옮기나? 알고 있으면서 안 하는 것은 날 바보 취급 하는 증거야."

갑자기 남자의 눈빛이 묘하게 빛났다.

"그럼 무로타 씨, 이전에 이야기한 컨설턴트 비용 말이야. 생각 좀 해봐야 하지 않겠어?"

"네?"

무로타는 기가 막히게 걸려든 셈이었다.

"그건 좀 어렵다고 얼마 전에 말씀드렸는데……."

남자는 몸을 앞으로 기울여 무로타의 귓가에 속삭였다.

"이건 나와 당신, 우리 사이의 문제야!"

속삭이듯 낮은 톤이긴 해도 한편으로 날카로운 말투였다. 무로타는 거미줄에 걸려든 곤충이 된 심정이었다.

고객 입장 : 이제 슬슬 마무리 지어 볼까

다케토 죠지는 백발이 섞인 머리를 빗으며 컴퓨터 화면을 열심히 들여다보았다. 무로타가 일하는 회사의 홈페이지를 체크하고 트집 잡을 구석을 찾았다.

'자, 이제 준비 완료. 슬슬 커피라도 마시러 가야겠군.'

| 대응 비법 |

악덕 소비자가 어떻게 나오는지 주의 깊게 살핀다

'할 수 있는 일'과 '할 수 없는 일'을
확실히 구별하여 제안한다.

필요 이상의 행동은 하지 말고
상대방이 어떻게 나오는지 살핀다.

개인적인 관계는 맺지 않는다.

상대방에게서 연락이 없으면 고객 불만 종결이라고 할 수 있다

전문 사기꾼 수준의 악덕 소비자는 겉으로 보기에 그럴싸한 '논리'를 내세우며 공포심을 불러일으키거나 다정하게 타이르기도 한다. 교묘한 협박과 달래는 말을 구분해서 사용하는 것이다. 이번 사례에서는 노련한 악덕 소비자가 그 기술의 일부를 보여 주고 있다.

한 경영 세미나에서 강사 한 사람이 이런 악덕 소비자와 같은 이야기를 한 적이 있다. '급료는 고객에게서 받는 것이고, 장사는 물건이 아닌 고객 얼굴의 미소를 파는 것이다.' 악덕 소비자는 그런 강사보다 몇 배나 되는 카리스마와 설득력이 있는 말로 상대방을 몰아넣는다.

이런 악덕 소비자가 벅찬 상대라는 사실은 고객 불만을 '개인'의 문제로 바꿔치기하여 교섭을 자신에게 유리한 방향으로 진행시키려고 한다는 점에서 알 수 있다. 호통을 치면 일이 모두 처리될 것처럼 행동하는 악덕 소비자가 많아서 특이하게 보일지도 모르겠다. 이번 사례에 등장한 악덕 소비자와 같은 부류는 표면적으로는 자신이 이번 건에 대해서 물러난 것처럼 생각하게 만든다. 그런 뒤 조금씩 표적을 옭아매는 방식으로 일을 진행시켜 나간다.

이러한 부류의 악덕 소비자에게는 우선 고객 불만에 대응하는 원칙에 따라 '할 수 있는 일'과 '할 수 없는 일'을 확실하게 구분하여 제안해야 한다. 이후에도 특별히 조심해서 일을 처리하도록 한다.

단, 악덕 소비자를 '케어'하는 것이 아니라 '방치'하는 태도여야 한다. 조직으로서 할 수 있는 모든 대처를 했으면 불만 사안이 종결될 때까지 아무런 행동도 취하지 않은 상태로 상대방이 어떻게 나오는지 살피는 것이다.

예를 들어 건강 문제에 관해 고객이 불만을 제기한 상황을 생각해 보자. 악덕 소비자의 주장이 정당한지 여부를 판단하기 위해 진단서 제출을 요구하는 경우가 있다. 만약 아무리 시간이 지나도 진단서를 제출하지 않고 연락도 없으면 그대로 내버려 두면 된다. 연락이 사라진 시점에서 불만은 해결되었다고 보는 것이다.

주의해야 할 점은 개인적인 관계를 맺지 않아야 한다는 것이다. 담당자 개인의 전화번호나 집 주소를 악덕 소비자에게 가르쳐 주지 않는 대처는 당연한 일이다. 사적인 생활 공간까지 침범당하면 스트레스로 인해 일상이 피폐해진다.

또한 악덕 소비자와의 교섭은 가능한 한 업무 시간 내에 처리하도록 한다.

업무 시간 외에 악덕 소비자와 교섭한다면 어떻게 해야 하는가?

고객 불만 대응은 '일'이라고 명확하게 규정한다. 악덕 소비자와 만나면 항상 '일하는 모드'로 대응한다.

1 악덕 소비자의 집 등을 방문할 때는 정장이나 작업복을 입고 간다.

→ '일하는 모드'로 바뀌어 사무적으로 교섭을 진행시킬 수 있다.

2 악덕 소비자에게 거는 전화 연락은 가능한 한 회사 전화나 회사용 휴대 전화를 이용한다.

→ 착신 이력에 전화번호가 남을 우려가 있으므로 집에서 전화를 걸지 않는다. 개인 전화 이용도 피하는 편이 좋다.

3 상대방이 요구해도 개인적인 관계는 시작하지 않는다.

→ 근무 시간 외라는 편안함으로 인해 식사에 초대되는 경우가 있다. 악덕 소비자의 본심을 모르는 단계에서 개인적인 관계를 맺으면 매우 위험하다.

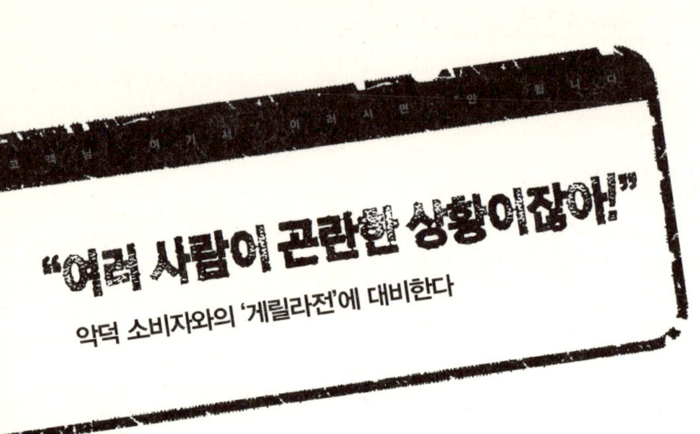

담당자 입장 : 귀찮은 일에 걸려들었다!

수산물 가공 제조업체의 ARS 번호로 중년 남성이 전화를 걸어 왔다.

"댁네 어묵에 생선 잔가시가 들어 있었어. 덕분에 애 입안에 상처가 생겼어."

고객 센터 직원은 업무 매뉴얼대로 대답했다.

"곧장 상품을 회수하도록 하겠습니다. 연락처를 알려 주시겠습니까?"

그러자 의외의 반응이 돌아왔다.

"전부 먹었어. 그래도 이거 결함 있는 상품이잖아. 제대로 보상을 받지 않으면 납득이 안 돼. 다음에 내가 직접 회사로 찾아갈게."

처음에는 일반 소비자가 제기한 통상적인 불만 사항이라고 여겼다가, 통화 내용을 꼼꼼히 검토해 본 결과 악질적인 악덕 소비자가 건 전화라는 의심이 들었다. 총무부장 모리 케이이치가 담당하게 되었다.

원래 문제가 된 상품에는 생선 잔가시 정도는 당연히 섞여 들어갈 여지가 있었다. 잔가시가 들었다는 이유만으로 결함이 생겼다고 보기는 어려웠다. 단언은 못 해도 그 정도의 잔가시에 상처를 입는다는 상황은 일반적으로 있을 수 없는 일이었다.

처음 전화가 걸려 오고 이틀 후 검정색 양복으로 빼입은 우락부락한 풍채의 남성이 회사를 찾아왔다. 모리는 부하와 함께 접대실에서 남성을 맞았다.

"애가 가시에 찔려서 피를 흘리는 모습을 보자니 너무 딱했다고."

불만 사항에 대한 묘사에서 시작된 이야기는 곧 보상 문제로 넘어갔다.

"이번 문제에 성의를 좀 보여 줬으면 해. 여러 사람이 곤란한 상황이잖아!"

악질적인 악덕 소비자가 자주 사용하는 화법이다. 모리는 동료와 함께 조직적으로 대응하며 남성의 요구를 거절했다.

며칠이 지난 뒤 상품을 납품하던 대형 마트에서 전화가 걸려

왔다. 거만한 말투였다.

"그쪽 회사 제품에 불만이 들어왔어. 어떻게 좀 대처해 주면 안 될까?"

얼마 지나자 소비자 단체에서도 문의 전화가 걸려 왔다.

"어떤 소비자께서 어묵 상품에 문제가 있다고 합니다. 알아봐 주시겠어요?"

'그 남자 짓이군. 뭔가 대책을 세우지 않으면 문제가 커질지도 모르겠어.'

| 대응 비법 |
'적극적 방치'로 악덕 소비자에게 포위망을 두른다

STEP 1

고객이 제기한 불만 내용의
사실 관계를 확인한다.

STEP 2

조직 내부에서 문제를 담당하는 창구를
일원화한다.

STEP 3

거래처나 행정 관련 기관에
불만 내용을 알리고 연대한다.

불만을 제기하는 창구를 일원화하여 혼란을 피한다

이번 사례는 선량한 시민을 가장한 악질적인 악덕 소비자가 목표로 설정한 제조 업체의 거래처나 소비자 단체를 끌어들여 교섭을 자신에게 유리한 방향으로 진행시키려 한 경우이다. 그야말로 '게릴라전'을 걸어 온 것이다.

대형 마트의 고압적인 태도에 몹시 거북해하면서도 거래 관계를 유지하길 희망하는 제조 업체는 귀찮은 일에 걸려들고 싶지 않은 마음에 악덕 소비자의 요구를 들어주기도 한다. 또한 '소비자'와 '행정'이 얽히는 것처럼 느껴지면 겁을 먹고 이전까지 제대로 잘 유지하던 '대응 방식'을 포기하는 경우도 있다. 만약 그렇게 되면 '개미구멍 하나에 방죽이 무너진다'는 말처럼 치명적인 피해를 입을 가능성이 있다.

난처한 사태에 휘말리지 않기 위해 회사 내부는 물론 거래처나 행정 기관에도 고객 불만에 관련된 사실을 전달하여 통합된 대응책을 마련할 필요가 있다. 이번 사례에서는 거래처나 행정 기관에 이렇게 말하면 된다.

"현재 저희 회사 제품 어묵에 대해 고객님께서 '잔가시가 섞여 아이가 입안에 상처를 입었다'는 내용의 불만 사항을 접수하셨습니다. 현재 사실 관계를 확인하고 있는 중이며, 해당 건은 총무부 모리 케이이치가 담당하고 있습니다. 죄송하지만 고객님의 연락을 받으면 담당자에게 연락하시도록 전달해 주십시오."

관련 단체들과 사전 교섭을 해두면 불필요한 혼란을 불러일으키지 않는다.

조직이 전면적으로 뒷받침해 주는 상황에서 일원화된 창구 담당자가 침착한 태도를 취한다면 아무리 집요한 악덕 소비자라도 언젠가는 제 풀에 지쳐서 물러서게 된다. 즉, '악덕 소비자에 대한 포위망'을 치고 어쩔 수 없이 철수하게 만드는 방식이다.

회사 측에서는 아무런 액션을 취하지 않고 상대방이 어떻게 나오는지를 지켜보는 방법은 '소극적 방치'이다. 반면 거래처나 행정 기관과 연대하여 상대방의 동향을 감시하는 방법은 '적극적 방치'라 하겠다.

'적극적 방치'를 성공시키는 3가지 포인트

① 기업 측의 일부 과실이 인정될 때

과실과 관련된 사실을 정직하게 감독관청에 신고하고
지도에 따른다.

**② 불만을 제기한 고객의 배후에 반사회적 세력이 있다고 짐작
될 때**

'시간이 흐르면 해결되겠지'라며 낙관적으로 생각하지
말고, '소극적 방치'에서 '적극적 방치'로 즉각 대처 방
식을 변경한다.

③ 악덕 소비자가 폭력적으로 과격한 자세를 보일 때

회사에 여러 사람이 몰려오거나 가두선전을 한다면 변
호사나 경찰과 상담하고, 동시에 통고서도 준비해 둔다.

'지름길'을 찾으려고 하면 '미로'에 발을 들여놓는다

나는 강연이나 집필 활동을 하면서 고객이 불만을 제기하는 상황에 대한 조언을 제공하고 있다. 그중 가장 주의하는 점은 고객 불만에 대응하는 담당자가 악덕 소비자가 만들어 놓은 '미로'에 발을 들여놓지 않도록 조언하는 것이다. 악질적인 고객 불만에 대응하는 담당자는 자칫하면 '지름길'을 찾으려고 하다가 대응에 실패하고 '미로'로 들어설 수도 있다.

이번 사례를 대형 마트의 입장에서 보자. 귀찮은 일에 말려들고 싶지 않다는 생각에 거래 관계에서 우위를 점하고 있다는 점을 이용하여 제조 업체에게 고객 불만에 대응하는 일을 통째로 넘기려고 할 것이다. 이런 대응은 오히려 문제를 심각하게 만들 뿐이다.

만약 이번 경우에서 제조 업체가 독자적으로 악덕 소비자를 배제했다고 해도, 그다음엔 대형 마트가 악덕 소비자의 주요 공격 대상이 될 수도 있다. 해당 대형 마트가 보인 소극적인 자세가 악덕 소비자에게 알려져 버리기 때문이다.

그런 사태가 발생하지 않도록 기업의 고객 불만 담당자에게 대응 방식을 수정하도록 권유하곤 한다. 상황에 따라서는 행정 기관이나 소비자 단체 등 관련 기관과의 연대를 꾀하거나 경찰에 상담을 의뢰하는 것도 필요하다.

마지막으로 위기관리의 기본과 경찰과의 연대 등에 대해 언급하고자 한다.

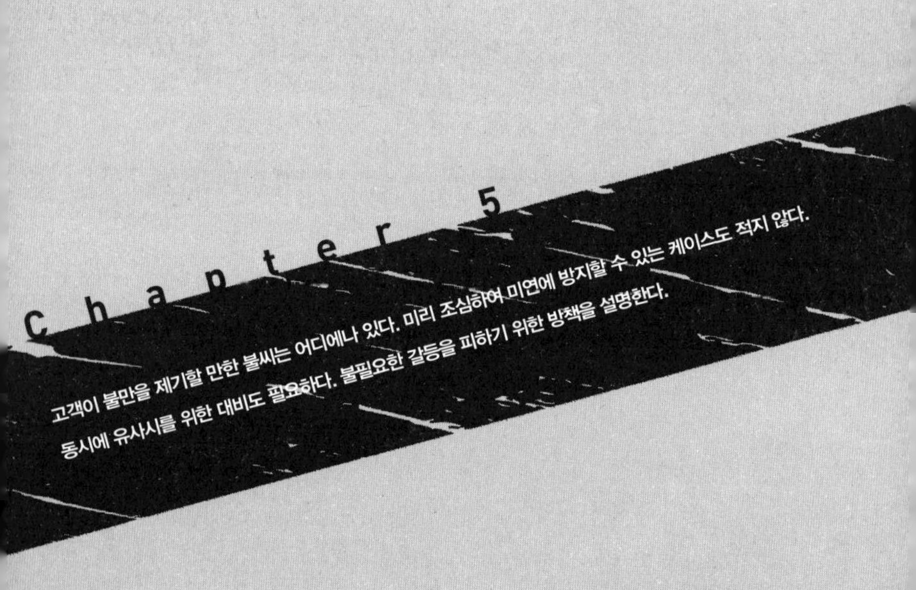

chapter 5

고객이 불만을 제기할 만한 불씨는 어디에나 있다. 미리 조심하여 미연에 방지할 수 있는 케이스도 적지 않다.
동시에 유사시를 위한 대비도 필요하다. 불필요한 갈등을 피하기 위한 방책을 설명한다.

갈등 발생을 막기 위한
위기관리

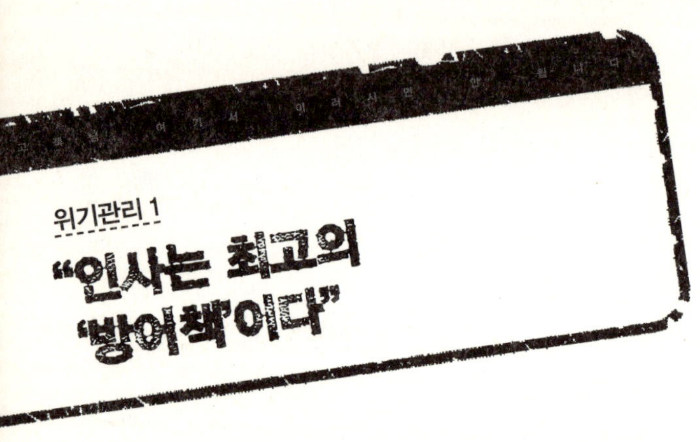

매일 하는 인사가 위기관리의 첫걸음이다

고객 불만에 대응하기 위한 위기관리의 기본 원칙을 설명하겠다. 사실 범죄를 방지하기와 고객 불만에 대응하기에는 공통점이 많다.

심야 영업을 하는 편의점에서는 불량 청소년들이 모이는 장소가 되거나 취객 때문에 갈등이 생기는 등의 문제가 일상적으로 자주 일어난다. 강도를 당하는 경우도 끊이지 않는다. 그 배경에는 인적이 드문 장소에 적은 숫자의 아르바이트생이 가게 일을 도맡아 해야만 한다는 상황적인 요인이 있다.

한편 동일한 입지 조건과 노동 환경이어도 범죄의 목표물이 되는 점포와 그렇지 않은 점포가 구분되는 것도 사실이다. 그 이유는 무엇일까?

답은 '인사'에 있다. 접객업에서는 인사를 깍듯이 해야 이익 확대, 고객 만족으로 이어진다는 사실은 누구나 알고 있다. 하지만 점포나 사무소 등의 범죄 예방, 위기관리에도 도움이 된다는 점은 널리 알려져 있지 않다.

편의점에 들어오는 고객에게 '어서 오세요'라고 인사를 하면 강도나 절도는 물론이고 악질적인 악덕 소비자도 물리칠 수 있다. 무언가 나쁜 짓을 하려는 계획을 세운 사람들은 점원이 말을 걸면 '제길, 점원이 다 봤어!'라는 생각에 위축된다.

범죄의 목표물이 되기 쉬운 편의점은 종업원이 매대 물품을 보충하거나 계산대에서 접객을 하는 등 고객에게 거의 신경을 쓰지 못하는 상황인 경우가 많다. '어서 오세요'라는 인사가 가게 안쪽에서 들려와도 얼굴을 마주할 일은 없는 것이다. 이러한 상황이라면 갈등이 언제라도 발생하도록 스스로 문제를 만들어 내는 셈이다.

주의해야 할 점이 있다. 선량한 시민이라도 술에 취했거나 정신적으로 심한 압박을 받는 상황이라면 점원의 작은 실수로도 악덕 소비자가 될 소지가 생긴다는 것이다.

그렇다면 점포 입장에서는 어떻게 해야 좋을까? 고객과 시선을 교환하고 '어서 오세요!', '안녕하세요!' 등의 인사를 건네야 한다. 만약 계산대 앞에 길게 손님이 줄을 서더라도 가게에 들어서는 고객 쪽을 1~2초 정도라도 쳐다보며 인사말을 건네는 것은 가능하다. 고객이 제기한 불만에 대응하려면 우선 '시야'를 넓게 해야 한다는 것과 동일한 원리다. 경우에 따라 의심이 가는 고객에게 '찾으시는 것이 있으세요?'라는 말을 거는 방법도 좋다.

인사는 돈이 들지 않는다. 비용이 전혀 들지 않으면서도 고객 만족과 위기관리 모두가 가능하다. 하루라도 빨리 인사를 열심히 하는 방향으로 점포 운영 방침을 수정하도록 한다.

이런 인사는 상대방을 기분 나쁘게 한다

상황에 어울리지 않는 인사는 오히려 상대방에게 불쾌감을 주기도 한다. 병원에서 직원과 간호사, 의사가 '어서 오십시오'라고 인사하면 어떤 느낌이 들까? 상식을 벗어난 상황이라는 생각이 들겠지만 '환자님'이라고 부르는 의료 기관이 적지 않다. 상황에 어울리지 않는 호칭을 사용하며 인사하는 것은 과도한 '고객 서비스'라 하겠다.

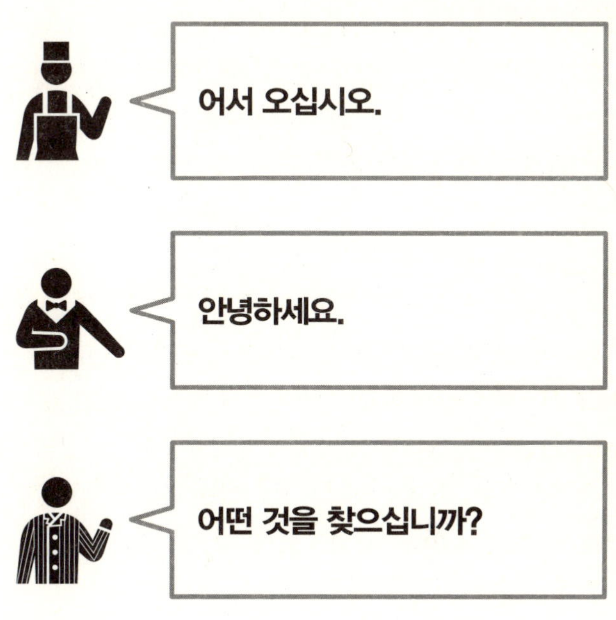

POINT

☐ 출입구에 시선을 둔다.

☐ 상대방과 눈을 맞춘다.

☐ 상대방에게 너무 친절하게 대하려는 과도한 서비스는 지양한다.

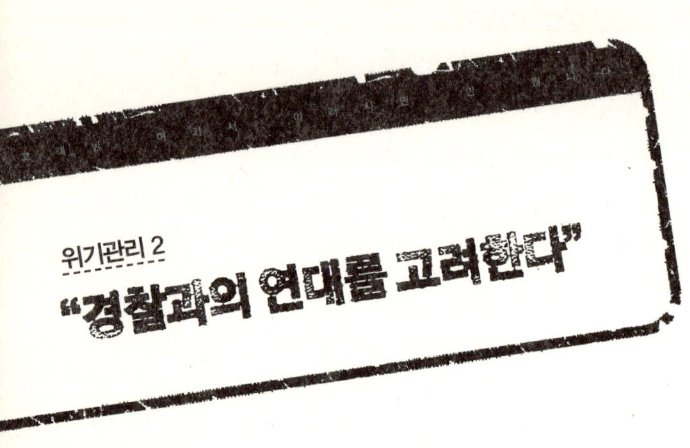

사전에 상담을 받아 악덕 소비자에게 압박을 가한다

상대가 아무리 해도 손쓸 방도가 없거나, 반사회적인 세력과 관련되었다는 의심이 드는 상황이라면 경찰과의 연대를 검토해야 한다. 경찰에 연락한다고 하면 먼저 112번으로 전화를 거는 것이 떠오른다. 112번은 본래 사건이나 사고 현장에서 거는 긴급 신고를 위한 전화번호이다.

그럼 소위 분쟁이라고 할 고객 불만에 대처하는 상황에서는 어떻게 하면 좋을까? 이러한 상황에서 경찰과 연대를 고려할 때 가장 중요한 것은 큰 트러블로 발전하기 전에 '상담'을 받는 과정이

224

다. 각 사안에 대한 구체적인 조언을 얻을 뿐만 아니라, 악덕 소비자에게 '이미 경찰과 이야기했다', '경찰의 조언을 받았다'는 사실을 전하여 압박을 가할 수 있기 때문이다.

경찰은 사안을 이분법적으로 판단한다. '기준선'을 넘어야만 경찰이 개입할 수 있고, '기준선'에 미달하는 사안은 단순 분쟁이어서 개입하지 못한다. 다만 최근에는 흉악 범죄가 많이 발생하면서 경찰은 '사건'이라고 보기 힘든 사안에도 상담 창구를 열어 놓았다.

경찰과 연대 관계를 확고히 하려면 평소에도 긴밀히 연락을 취하면서 더욱 적극적으로 관계를 발전시키려는 노력이 필요하다. 폭력 사건이나 악질적인 악덕 소비자를 대하는 대책을 설명하는 사내 강습회를 기획하여 가장 가까운 경찰서에 강사 파견을 의뢰한다면 경찰과의 연결 고리를 강화하는 계기가 될 것이다.

전직 경찰관을 채용하는 방법도 생각해 볼 수 있다. 지금까지도 대기업들이 총회꾼 등에 대한 대책으로 전직 경찰관을 섭외 담당자로 채용하는 일은 흔히 있었다. 현재는 악덕 소비자와 관련된 피해가 증가함에 따라 다양한 조직에서 활약하는 전직 경찰관이 늘고 있다.

단, 어떠한 목적으로 전직 경찰관을 채용하는가를 확실히 해 둘 필요는 있다. 정년퇴직한 경찰관을 고문이나 상담역으로 고용할지, 현장에서 활약하는 경찰관의 기술을 살릴지 사전에 잘 검토하여 결정해야 한다.

물론 공갈이나 협박, 기물 파손, 폭력 등 범죄 행위가 인정되는 케이스는 곧바로 112번으로 신고해야 한다. 이 경우에도 상황이 닥쳐서야 비로소 당황하며 경찰에 신고하기보다 평소부터 마음의 준비를 해 두는 것이 좋다.

첫째, 상대방과의 대화를 기록한다. 악덕 소비자가 퍼부은 폭언을 녹음해 두거나, 대화 내용을 메모하는 습관을 길러 두자.

둘째, 악덕 소비자에게 단계적으로 경고를 한다. 몇 시간씩 불평을 계속하며 쉽사리 돌아가지 않는 악덕 소비자가 있다면 우선 '더 이상은 업무에 지장을 주니 돌아가 주십시오'라고 확실히 의사 표시를 해야 한다.

그래도 가지 않는다면 '이제는 대응할 수 없습니다' → '업무에 지장이 됩니다' → '돌아가 주십시오' → '업무 방해입니다' → '돌아가지 않으면 경찰에 신고하겠습니다' → '경찰에 신고했습니다' 라는 식으로 단계를 밟아 가도록 한다.

112번(긴급 신고)

공갈이나 폭행, 기물 파손 등의 범죄 행위.

각 경찰서의 민원실

가장 가까운 경찰서의 민원실에 문의한다.

인근 파출소

순찰을 돌기 위해 파출소가 비는 시간대를 사전에 확인해 둔다.

132번(대한법률구조공단)

법률 전문가가 상담에 응한다.

유사시에 당황하지 않도록 연락처는 휴대 전화에 등록하는 등의 대비를 한다.

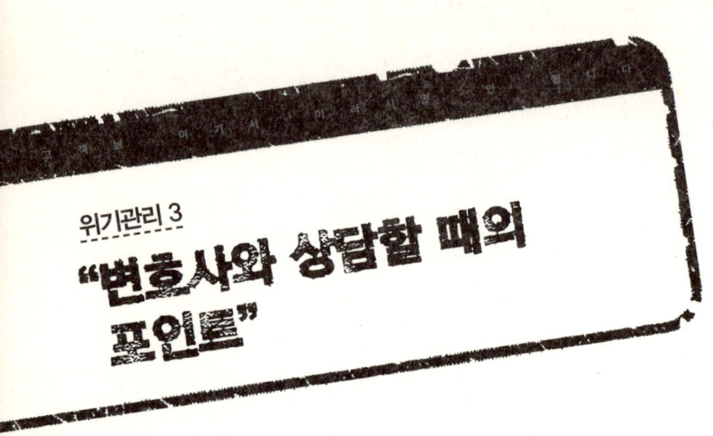

통고서는 악덕 소비자를 억제하는 효과가 크다

경찰의 경우처럼 변호사와의 연대에서도 '사전 상담'이 유효하다. '법적인 수단도 고려하고 있다'는 점을 악덕 소비자에게 전달하여 압박을 주는 것이다.

구체적으로는 악덕 소비자와의 면담이나 전화 통화에서 '이 건에 관해서는 변호사와 상담 중입니다'라고 구두로 전달하거나, 통고서를 작성하여 내용증명으로 송부하는 방법 등이 있다. 통고서의 내용은 사안에 따라 변하지만 대개 다음과 같다.

'지금까지 귀하는 당사에게 고압적인 언동을 반복해 왔습니다.

모두 구체적인 근거와 객관성이 결여되는 내용이었으며, 당사의 책임은 인정되지 않습니다. 당사는 유사한 사안이 반복하여 발생하는 상황을 계속 방치할 수 없습니다. 고문 변호사와 협의하여 경찰 관계자와도 해당 사안에 대해 논의했습니다. 계속해서 당사의 종업원에게 고압적이고 사회 통념을 벗어난 요구를 하시면 지금까지의 기록을 바탕으로 법적 수단에 호소할 예정임을 통지합니다. 또한 앞으로 귀하의 신고를 구두로 받지 않겠습니다. 구체적인 근거를 바탕으로 문서로 제출해 주십시오.'

교섭에 진전이 없거나 냉정한 대화가 불가능하다면 자신의 생각을 상대방에게 납득시키기는 어렵다. 그런 경우에는 문서를 통해 통보하는 방법이 효과적이다.

법률 지식이 있으면 안심이 된다

고객 불만의 대다수는 통고서를 송부하면 수습이 된다. 만약 통고도 무시한 채 추가적인 공격을 해 오면 문서에 쓰인 대로 법적 조치를 취한다. 이전 페이지에 정리된 위법 행위가 실제로 적발되어 재판으로 이어진 케이스도 적지 않다. 법률 지식을 익혀 두면 유사시에도 겁먹지 않고 대응할 것이다.

변호사의 협력을 얻기 위해서는 고문 계약을 맺거나 개별 상담을 받는다. 이외에도 변호사 단체가 제공하는 무료 상담이나 대한법률구조공단 등을 이용하는 방법도 있다.

<h1 style="text-align:center">고객이 불만을 제기한 현장에서 일어나는
주요 위법 행위 및 해당 법률</h1>

▶ 업무 방해죄

예 : 매장 안에서 계속 큰소리를 낸다 .

▶ 협박죄

예 : 집요하게 법을 벗어난 배상을 요구한다 .

▶ 공갈죄

예 : '돈 내놔 !'라며 협박하여 갈취한다 .

▶ 강요죄

무리하게 무릎을 꿇리거나 사죄문을 쓰게 한다 .

▶ 불퇴거죄

예 : 장시간 영업 장소에 계속 머무른다 .

통고서를 작성할 때는 내용을 꼼꼼히 살핀다. 그런 작업을 통해 고객 불만에 대응하는 '방침'을 확인할 수도 있다. 즉, 상대방을 억제하는 효과가 기대될 뿐만 아니라, 자신들의 기반도 다지게 된다.

**고객님,
여기서 이러시면
안 됩니다**

초판 1쇄 발행 2015년 4월 6일
초판 2쇄 발행 2016년 1월 15일

지은이 엔카와 사토루
옮긴이 이주

펴낸이 박세현
펴낸곳 팬덤북스

기획위원 김정대·김종선·김옥림
영업 전창열
편집 김종훈·이선희
디자인 강진영

주소 (우)03966 서울시 마포구 성산로 144 교홍빌딩 305호
전화 070-8821-4312 | **팩스** 02-6008-4318
이메일 fandombooks@naver.com
블로그 http://blog.naver.com/fandombooks

등록번호 제25100-2010-154호

ISBN 979-11-86404-02-7 13320